Direito Previdenciário

ELEMENTOS DO DIREITO | 19

Coordenação

MARCO ANTONIO ARAUJO JR.

DARLAN BARROSO

Diretora Responsável
GISELLE TAPAI

Diretora de Operações de Conteúdo
JULIANA MAYUMI ONO

Equipe de Conteúdo Editorial: Bruna Schlindwein Zeni, Elisabeth Bianchi, Flávio Viana Filho, Henderson Fiirst, Ítalo Façanha Costa e Rodrigo Salgado

Coordenação Editorial
JULIANA DE CICCO BIANCO

Analistas Editoriais: Aline Aparecida David do Carmo, Bruna Shlindwein Zeni, Bruno Martins Costa, Cristiane Gonzalez Basile de Faria, Douglas Elmauer, Érica Hashimoto, Henderson Fiirst de Oliveira, Ítalo Façanha Costa, Iviê Adolfo de Macedo Loureiro Gomes e Rodrigo Domiciano de Oliveira

Técnicos de Processos Editoriais: Maria Angélica Leite e Paulo Alexandre Teixeira.

Capa: Chrisley Figueiredo

Coordenação Administrativa
RENATA COSTA PALMA E ROSANGELA MARIA DOS SANTOS

Assistentes: Cibele Souza Mendes, Karla Capelas e Tatiana Leite

Editoração Eletrônica

Coordenação
ROSELI CAMPOS DE CARVALHO

Equipe de Editoração: Adriana Medeiros Chaves Martins, Ana Paula Lopes Corrêa, Carolina do Prado Fatel, Gabriel Bratti Costa, Ladislau Francisco de Lima Neto, Luciana Pereira dos Santos, Luiz Fernando Romeu, Marcelo de Oliveira Silva e Vera Lúcia Cirino

Produção gráfica

Coordenação
CAIO HENRIQUE ANDRADE

Assistente: Rafael da Costa Brito

Dados Internacionais de Catalogação na Publicação (CIP)
(Câmara Brasileira do Livro, SP, Brasil)

Agostinho, Theodoro Vicente
Direito previdenciário / Theodoro Vicente Agostinho, Sérgio Henrique Salvador. – São Paulo: Editora Revista dos Tribunais, 2013. – (Coleção elementos do direito ; 18 / coordenação Marco Antonio Araujo Jr., Darlan Barroso).

Bibliografia.
ISBN 978-85-203-4685-3

1. Direito previdenciário – Brasil – Concursos I. Salvador, Sérgio Henrique. II. Araujo Jr., Marco Antonio. III. Barroso, Darlan. IV. Série.

13-02320 CDU-34:368.4 (81) (079)

Índices para catálogo sistemático: 1. Brasil : Direito previdenciário : Provas e concursos 34:368.4 (81) (079) **2.** Provas e concursos : Direito previdenciário : Brasil 34:368.4 (81) (079)

Theodoro Vicente Agostinho
Sérgio Henrique Salvador

Direito Previdenciário

2.ª tiragem

Elementos do Direito | 19

Coordenação

Marco Antonio Araujo Jr.
Darlan Barroso

Thomson Reuters
Revista dos Tribunais™

ELEMENTOS DO DIREITO 19

DIREITO PREVIDENCIÁRIO

Theodoro Vicente Agostinho

Sérgio Henrique Salvador

Coordenação

Marco Antonio Araujo Jr.
Darlan Barroso

2.ª tiragem
1.ª edição, 1.ª tiragem: março de 2013.

0338

Editora Revista dos Tribunais Ltda.

Giselle Tapai
Diretora responsável

Visite nosso *site*
www.rt.com.br

Central de Relacionamento RT
(atendimento, em dias úteis, das 8 às 17 horas)

Tel. 0800-702-2433

e-mail de atendimento ao consumidor
sac@rt.com.br

Rua do Bosque, 820 – Barra Funda
Tel. 11 3613-8400 – Fax 11 3613-8450
CEP 01136-000 – São Paulo, SP – Brasil

Impresso no Brasil [07 – 2013]

Universitário (texto)

Fechamento desta edição [19.03.2013]

ISBN 978-85-203-4685-3

Agradeço a todos os meus amigos e alunos, pois sempre dirigem palavras de apoio, o que se faz essencial para continuarmos nessa empreitada. Aproveito para também agradecer aos professores Marco Antonio, Darlan Barroso e Elisabete Vido pela oportunidade e confiança. Ao Professor Wagner Balera, por todo conhecimento compartilhado e, ao Sérgio Salvador, por ter aceitado mais esse desafio, afinal, nada se constrói sozinho. Por fim, aos meus familiares, em especial à minha querida Danielle, por entender os momentos de lazer subtraídos em decorrência do amor à docência.

Theodoro Vicente Agostinho

Ao meu Deus por mais essa surpresa dentre tantas; a minha preciosa Família pelo apoio, incentivo e tanto amor demonstrado; aos Docentes e Discentes do Curso de Direito da FEPI em Itajubá, por se tornarem parte integrante deste estudo, a Editora Revista dos Tribunais por acreditar no Direito Previdenciário e ao Mestre e amigo professor Theodoro, com quem tenho aprendido a construir. Obrigado!

Sérgio Henrique Salvador

"...normas previdenciárias são cláusulas pétreas implícitas na categoria de normas intangíveis, já que relativas a direitos fundamentais, portanto indispensáveis"
(Miguel Horvath Júnior).

Nota da Editora

Visando ampliar nosso horizonte editorial para oferecer livros jurídicos específicos para a área de Concursos e Exame de Ordem, com a mesma excelência das obras publicadas em outras áreas, a Editora Revista dos Tribunais apresenta a nova edição da coleção *Elementos do Direito*.

Os livros foram reformulados tanto do ponto de vista de seu conteúdo como na escolha e no desenvolvimento de projeto gráfico mais moderno que garantisse ao leitor boa visualização do texto, dos resumos e esquemas.

Além do tradicional e criterioso preparo editorial oferecido pela RT, para a coleção foram escolhidos coordenadores e autores com alto cabedal de experiência docente voltados para a preparação de candidatos a cargos públicos e bacharéis que estejam buscando bons resultados em qualquer certame jurídico de que participem.

Apresentação da Coleção

Com orgulho e honra apresentamos a coleção *Elementos do Direito*, fruto de cuidadoso trabalho, aplicação do conhecimento e didática de professores experientes e especializados na preparação de candidatos para concursos públicos e Exame de Ordem. Por essa razão, os textos refletem uma abordagem objetiva e atualizada, importante para auxiliar o candidato no estudo dos principais temas da ciência jurídica que sejam objeto de arguição nesses certames.

Os livros apresentam projeto gráfico moderno, o que torna a leitura visualmente muito agradável, e, mais importante, incluem quadros, resumos e destaques especialmente preparados para facilitar a fixação e o aprendizado dos temas recorrentes em concursos e exames.

Com a coleção, o candidato estará respaldado para o aprendizado e para uma revisão completa, pois terá a sua disposição material atualizado de acordo com as diretrizes da jurisprudência e da doutrina dominantes sobre cada tema, eficaz para aqueles que se preparação para concursos públicos e exame de ordem.

Esperamos que a coleção *Elementos do Direito* continue cada vez mais a fazer parte do sucesso profissional de seus leitores.

MARCO ANTONIO ARAUJO JR.
DARLAN BARROSO
Coordenadores

Sumário

1 Introdução

Diversa, fundamental e imprescindível é a ciência jurídica em toda a sua extensão para a harmonia da sociedade politicamente organizada.

Destacam-se os seus ramos, suas subdivisões e classificações com toda a abrangência peculiar do Direito.

Neste contexto preliminar, em que pese por muito tempo o Direito do Trabalho ter abrangido também as discussões eminentemente previdenciárias, nos últimos anos, um específico ramo da ciência jurídica ganha vez e voz no cenário jurídico hodierno.

De fato, com formato próprio, singular, autônomo e com estatura constitucional, o Direito Previdenciário tem se destacado como sólido mecanismo científico de compreensão social, uma verdadeira e eficaz fonte nobre de tal mister.

É que, em sua essência, almeja, sintetiza e visa o concentrado estudo das relações previdenciárias em sua amplitude, aprimorando a constitucional técnica de proteção chamada "Previdência Social". Aliás, cuja técnica é um verdadeiro direito social constitucionalmente assegurado.

De fato, a Carta Cidadã de 1988 elencou em seus dispositivos diversos e imprescindíveis direitos sociais supremamente tutelados, dentre os quais, a Previdência Social, que se encontra inserida em sua dimensão através do art. 6.º da Lei das Leis.

Por este ângulo constitucional, qualquer instituto previdenciário que especifica a Previdência Social como um todo, deve ser compreendido dentro do conceito sistêmico e importante do direito social, tal qual inserido e garantido na *Lex Fundamentallis* com tratamento ímpar de fundamento republicano.

Com efeito, fácil aferir que através da Previdência Social, a proteção social constitucionalmente inserida ganha condensado formato, onde os instrumentos jurídicos vêm dar relevo a esta singular e mui destacada adjetivação jurídica.

O Direito Previdenciário então encontra campo de pouso neste contexto, ou seja, se revela assim como a modalidade científica basal de efetivação das concretudes constitucionais, onde, através de seus vários institutos jurídicos, a essência desse imprescindível direito social é regulada e constantemente aprimorada com a finalidade de adequação do plano legal hipotético (vontade constituinte almejada) ao plano fenomênico (vontade constituinte concretizada).

Por certo, que a amplitude da Previdência Social em termos de massa protegida, onde vários e diversos atores sociais estão inseridos, desde os trabalhadores, empresas, governos etc., por si só já revela sua importância como efetivo instrumento de sedimentação de direitos sociais.

A este prisma, de resguardo e tutela desses direitos, como valores e pilastras fundamentais de qualquer sociedade organizada, o Professor Celso Barroso Leite (*Previdência social: atualidades e tendências*. São Paulo: LTr, 1973, p. 83), já apontava nesta direção, especificamente, no tocante a um almejado plano protetivo:

"(...) a proteção social tem como objetivo básico garantir ao ser humano a capacidade de consumo, a satisfação de suas necessidades essenciais, que não se esgotam na simples subsistência."

Também, Maria Helena Diniz (*Dicionário jurídico*. 2. ed. São Paulo: Saraiva, 1998) qualifica este direito social regulado constitucionalmente como:

"Complexo de normas que têm por finalidade atingir o bem comum, auxiliando as pessoas físicas, que dependem do produto de seu trabalho para garantir a subsistência própria e de sua família, a satisfazerem convenientemente suas necessidades vitais e a terem acesso à propriedade privada."

Portanto, aqui a vital importância acerca da abrangência do Direito Previdenciário, que se resume no estudo e aperfeiçoamento desta técnica de proteção.

Também, com vasta pauta objetiva a respeito, este ramo público da ciência jurídica vem norteando os conviventes sociais quanto a projeção futura protetiva.

É que abalizada por eventos, capitaneados pelo art. 201 e incisos da Carta Magna, esta técnica protetiva abarcou a Teoria do Risco Social, onde os eventos catalogados neste mandamento constitucional são protegidos. Logo, de crucial importância este ramo jurídico, de modo que visa a preparar todo um contexto social quando da ocorrência de eventos previsíveis a qualquer abrigado. E assim tem se observado.

Com efeito, a pauta previdenciária é extensa, habitual, diária e envolvente a todas as massas protegidas dos mais diversos setores sociais. Por exemplo, temas como *Desaposentação, Fator Previdenciário, Fator Acidentário de Prevenção (FAP), Sistema de Inclusão Previdenciária, Revisões de Benefícios,* dentre outros, acaloram sobremaneira a discussão de diversos fenômenos sociais.

De fato, só a análise do FAP e seus consectários, envolve toda uma gama de questões de ordem trabalhistas, constitucionais, tributárias e administrativas em todas as esferas políticas, onde um tema eminentemente de Direito Previdenciário acaba por contribuir para uma busca de ambiente de trabalho totalmente salubre e que repercute em toda a sociedade, direta ou indiretamente, presente e futura.

De igual forma a própria Desaposentação, ou seja, que está revolucionando antigas premissas sociais e tem demonstrado com eficácia que um simples e indevido temor atuarial não tem o condão de negar a tentativa de aperfeiçoar um axiológico sistema de proteção.

Assim, a temática previdenciária é envolvente, salutar, especial e útil para compreender os fenômenos sociais, já que eventos como morte, velhice, doença, dentre outros, ocorrem de maneira incontroversa a todos os sujeitos protegidos, mostrando o caminho a trilhar em termos protetivos.

O aumento das cátedras nas graduações, especializações, cursos de extensão, simpósios, congressos, enfim, também testificam o seu aspecto revolucionário, como, aliás, tem sido noticiado pela grande imprensa (*Economia Baiana*. Cresce a procura por cursos de Pós-graduação em direito previdenciário. Disponível em: [http://economiabaiana.com.br/2012/05/29/cresce-a-procura-por-cursos-de-pos-graduacao-em-direito-previdenciario]. Acesso em: 26.02.2013).

Mesmo acerca do recente pensamento social evoluído no tocante ao reconhecimento do direito homoafetivo em vários aspectos, na seara previdenciária própria, tal fato já ocorria, desde o ano 2000 (TRF-4.ª Reg., ACP 2000.71.00.009347-0/RS, 6.ª T., j. 27.07.2005, v.u., rel. Des. João Batista Pinto Silveira, *DJU* 07.10.2005), quando a autarquia inseriu o companheiro homoafetivo como uma das possibilidades de dependente previdenciário para efeito de jubilação do benefício pensão por morte.

Ademais, as recentes discussões acerca da Previdência Complementar criada no serviço público, de igual forma, demonstra a notoriedade deste ramo do saber.

Incontroversa assim é a decisiva atuação do Direito Previdenciário, como norte futuro para uma construção social edificada em valores protetivos.

Em suma, espera-se ainda uma maior crescente evolução deste ramo do saber, na medida em que a própria estrutura social se aperfeiçoa, cresce e caminha, já que ligados e justificados por um mesmo central contexto, o da dignidade da pessoa humana.

Legislação Previdenciária

2

Como todo ordenamento jurídico, o princípio da legalidade detém destaca importância no contexto social.

De fato, no piso jurídico nacional não poderia ser diferente, por conta das influências do direito europeu, a ponto de termos na Lei das Leis, este princípio condensado no art. 5.º, II.

Logo, evidente que tal enfoque principiológico norteia o Direito Previdenciário em larga escala.

É que temos duas dimensões neste patamar legislativo, quer seja, a seara constitucional, bem como, a infraconstitucional.

No tocante ao campo constitucional, com simples leitura, se observa uma profunda influência sobre as bases do Direito Previdenciário.

Ora, já no preâmbulo constitucional existem premissas acerca de direitos sociais e individuais, estando aqui um grande e influente norte piramidal que vai servir de parâmetro a toda legislação hierarquicamente inferior.

E mais, no primeiro artigo constitucional, nos seus incs. III (*dignidade da pessoa humana*) e IV (*valores sociais do trabalho*) possuímos uma carga axiológica de suma importância que impacta sobremodo todos os institutos previdenciários.

Não bastassem tais valores constitucionais, o próprio princípio da solidariedade, subscrito no art. 3.º, I, da CF/1988, arrima toda a arquitetura previdenciária, justificando, por exemplo, as contribuições de inativos, além é claro, de outros vários exemplos de sua incidência.

Prosseguindo, nos dispositivos constitucionais das conquistas o Direito Previdenciário possui forte condensação jurídica de envergadura constitucional, portanto, de especial primazia para todo o contexto jurídico hodierno.

De fato, basta verificar no art. 6.º, *caput*, da Carta Magna, que a Previdência Social possui *status* de um verdadeiro "direito social".

O art. 7.º, por sua vez, corrigindo distorções históricas, apregoa que são direitos dos trabalhos urbanos e rurais, dentre vários outros, a aposentadoria (inc. XXIV).

Ainda, dentro de um Título denominado "Da Ordem Social" (Título VIII), a partir do art. 193 e ss. vislumbramos uma lógica estrutura organizada de planejamento constitucional denominada "*Seguridade Social*", que, por sua vez, vai envolver toda a essência do objeto de estudo do Direito Previdenciário. Por fim, outros diversos dispositivos constitucionais envolvem este ramo do saber, como, por exemplo, o art. 40 e ss. da Carta Magna, que regula a Previdência Pública do Servidor Público, além de, ainda exemplificando, o art. 195 e ss. que trata do importantíssimo custeio previdenciário.

Em suma, impossível a análise fria e limitada do Direito Previdenciário tão somente com a legislação marginália, nua e crua, sem as ingerências, sobretudo, axiológicas do Direito Constitucional em si, totalmente harmônico e em plena sintonia com este pacote de proteção denominado Previdência Social.

Lado outro, evidente que várias disposições constitucionais prescindem de ferramentas jurídicas próprias, para dar concretude ao que almejou o legislador constitucional.

Por conta disto, sem prejuízo do contexto histórico que será abordado de forma didática neste livro, devemos consignar a égide atual da Constituição Cidadã, de 1988, e a partir dela, destacar os principais diplomas legais legislativos de substrato previdenciário.

importante

Neste sentido, os principais diplomas legais que regem atualmente a Previdência Social, dentro do denominado Regime Geral (RGPS), são:

Lei 8.212/1991: que trata do Custeio da Previdência Social (LC ou PC);

Lei 8.213/1991: que trata do Plano de Benefícios da Previdência Social (LB ou PB),

Dec.-lei 3.048/1999: que trata do Regulamento Geral da Previdência Social (RGPS).

IN's: 45/2010 (Benefícios) e 971/2009 (Contribuições).

Aqui, os principais textos legais, atualmente em plena vigência, servindo até mesmo de fonte subsidiária e supletiva para outros regimes previdenciários.

Evidente, que para acompanhar a evolução da sociedade, diversas alterações foram promovidas, sobretudo para aperfeiçoar o intento da regulamentação dos objetivos constitucionais.

Ao final deste trabalho, um quadro esquemático traz os principais diplomas legais de ordem infraconstitucional com suas principais alterações, porém, desde já e, por exemplo, cite-se a *Lei 9.032/1995* que inovou acerca da aposentadoria especial, extinguindo a conversão por categorias; a *Lei 9.876/1999* que trouxe a existência jurídica do tão conhecido Fator Previdenciário e a *Lei 10.666/2003* que extinguiu a qualidade de segurado como requisito de concessão de benefício.

De todo o modo, aprimorar os conceitos legais e suas razões de existir, dentro da hermenêutica jurídica, exprime a importância do próprio instituto jurídico regulado, de todo necessário para a convivência de uma sociedade politicamente organizada.

Acertada assim, a lição de André Franco Montoro:

> "O intérprete deve penetrar na norma, buscando seu sentido, seu alcance e a extensão da sua finalidade" (*Introdução à ciência do direito*. 24. ed. São Paulo: Ed. RT, 1997).

Conceito, Objeto e Classificação do Direito Previdenciário

3

Evidente que Direito Previdenciário detém corpo e formato próprios, sendo de crucial importância a sua análise concatenada, para melhor compreender seus meandros.

Logo, é importante asseverar duas correntes doutrinárias básicas, que apregoam a existência de um Direito da Seguridade Social, bem como, outra que defende a unicidade do Direito Previdenciário quanto a um objeto apenas.

Acertado é o último posicionamento, com as *vênias* devidas.

É que o Direito Previdenciário tem por foco principal o estudo da Previdência Social, enquanto técnica protetiva.

Sabe-se e aqui também será melhor explorada inclusive em tópico próprio que a Seguridade Social, constitucionalmente arquitetada no art. 194 da CF, abarca não só a Previdência Social em seu bojo, mas, aloca ainda a Assistência Social e a Saúde.

Contudo, analisando detidamente o que é um e o que é outro ramo desta Organização Constitucional fácil aferir que o cerne previdenciário é apenas um, Previdência Social.

Desde já e neste sentido, valiosa a lição do Professor Ivan Kertzman a respeito:

"Não fazem parte do campo do Direito Previdenciário as normas específicas que tratam de Saúde e Assistência social" (*Curso prático de direito previdenciário*. 5. ed. Salvador: Podivm, 2008).

Também, aludido Professor define o objeto do Direito Previdenciário da seguinte forma:

"O Direito Previdenciário objetiva a análise das regras gerais que tratam do custeio da seguridade social e do estudo aprofundado das normas de financiamento da previdência social e de prestações oferecidas por este ramo da seguridade" (Idem, p. 45).

Conceitualmente, o Professor Wladimir Novaes Martinez (*Curso de direito previdenciário*. 4. ed. São Paulo: LTr, 2012. p. 66.) define o Direito Previdenciário, como:

> "Direito Previdenciário é ramo de direito público disciplinador de relações jurídicas substantivas e adjetivas estabelecidas no bojo da previdência social pública ou privada, em matéria de custeio e prestações, objetivando a realização dessa técnica de proteção social."

De igual forma, além de conceituar e delimitar o objeto torna-se necessária a análise da classificação deste ramo jurídico.

Para tanto, inicialmente, destacamos a existência de uma Doutrina tradicionalista, que limita os ramos jurídicos em Público ou Privado. Lado outro, existente também uma corrente doutrinária moderna, que além da dupla previsibilidade da linha tradicional acrescenta também os denominados Direitos Sociais, como, o Direito do Trabalho e o próprio Direito Previdenciário, acompanhando a evolução dos Direitos das Gerações.

Não só por encontrá-lo nesta seara que o Direito Previdenciário é tão somente entendido como uma ramificação dos Direitos Sociais, mas antes, disto, importante é afirmar que se trata de um ramo de Direito Público, mas não de Direito Privado.

É que, algumas características deste relacionamento conduzem a tal assertiva, como, por exemplo, a existência da *intervenção estatal; relação jurídica do Estado com particulares; presença da Administração e Administrados etc.*

Em suma, tal classificação melhor se define pela incontroversa existência em favor do ente estatal do seu *Poder de Império.*

atenção

Logo, fácil aferir, desde já, a nítida existência de uma Autonomia Didática do Direito Previdenciário, não devendo ser visto como parte integrante do Direito do Trabalho, ou de qualquer outro ramo da ciência jurídica.

Como já afirmado, a Previdência Social, alocada nos arts. 201 e 202 da CF/1988, é o objeto central desta área do saber, podendo aqui, asseverar algumas conclusões básicas no tocante ao Direito Previdenciário:

– *ramo jurídico importante, relevante e necessário para a Ordem Social;*
– *evidente carga axiológica (valores, princípios e normas);*
– *refere-se na essência a verdadeiros Direitos fundamentais.*

Passada assim a conceituação do Direito Previdenciário, seu objeto, características e classificação, importante aferir o conceito da Previdência Social, enquanto válvula motriz de todo o estudo jurídico previdenciário.

Wladimir Novaes Martinez (Idem, p. 33), assim leciona a respeito, de forma lúcida:

"É a técnica de proteção social que visa propiciar os meios indispensáveis à subsistência da pessoa humana – quando esta não pode obtê-los ou não é socialmente desejável que os aufira pessoalmente através do trabalho, por motivo de maternidade, nascimento, incapacidade, invalidez, desemprego, prisão, idade avançada, tempo de serviço ou morte – mediante contribuição compulsória distinta, proveniente da sociedade e de cada um dos participantes."

Para o Professor Wagner Balera (*Sistema de seguridade social*. 5. ed. São Paulo: LTr, 2009):

"A previdência social é, antes de tudo, uma técnica de proteção que depende da articulação entre o Poder Público e os demais atores sociais. Estabelece diversas formas de seguro, para o qual ordinariamente contribuem os trabalhadores, o patronato e o Estado e mediante o qual se intenta reduzir ao mínimo os riscos sociais, notadamente os mais graves: doença, velhice, invalidez, acidentes no trabalho e desemprego."

Em suma, interpretando seus principais comandos, em especial, os arts. 40, 201 e 202 da CF/1988, fácil destacar que a Previdência Social é uma constitucional técnica protetiva, de contornos axiológicos que visa assegurar a seus participantes o acesso a benefícios e serviços quando sujeitos a determinado risco social.

atenção

Pelos denominados riscos sociais o legislador constitucional abarcou a denominada "Teoria do risco social", objetivamente alicerçada no art. 201, parágrafo único, da CF, bem como, catalogados nos arts. 1.º e 9.º da Lei 8.213/1991(Lei de Benefícios – LB).

Por *risco*, nos ensinamentos básicos do Direito Civil, sabe-se que se trata de um evento previsível, futuro e incerto.

Assim, evidente as semelhanças com o *risco social* adotado pelo Direito Previdenciário, sobretudo, pela comparação com os componentes do Direito Civil.

De fato, a nítida sintonia entre os elementos: *previsibilidade, cobertura e sujeitos participantes* da regra civilista, com os componentes da ciência previdenciária, quer seja, *INSS, segurados(as), seguro social, eventos.*

Quanto a estes eventos, o catálogo constitucional é por demais exauriente, já que almeja acobertar os seguintes eventos:

Doenças	Invalidez	Morte
Idade avançada	Maternidade	Encargos familiares

A toda evidência, como se afere, estas lições abalizadas só tem a demonstrar a importante necessidade do constante estudo e edificação do Direito Previdenciário, ramo jurídico específico, autônomo, singular e invólucro por normas fundamentais por excelência.

Histórico

4

A melhor compreensão de qualquer instituto jurídico sempre vai passar pela sua análise histórica, para melhor compreender as razões de existir.

No Direito Previdenciário, evidente que também há um robusto acervo histórico a percorrer em termos didáticos, sobretudo para melhor compreender a temática, as influências, o modelo, a evolução, enfim, aferi-lo em toda a sua extensão.

Para tanto, necessário invocar a ciência da interpretação com sua técnica apropriada, através da Hermenêutica Jurídica, em favor do hermeneuta, o interpretador, com o objetivo de alcançar a intenção da Lei (*ratio legis*).

Valendo-se desta regra interpretativa, ou seja, através do método histórico, basicamente se analisa o contexto temporal de aprovação da lei, com o intuito de auxiliar no descobrimento de sua razão de existir, dentro de uma análise conjuntural de sua época e seus efeitos no tempo.

Logo, através deste tecnicismo hermenêutico, mister a compreensão histórica mundial e brasileiro do Direito Previdenciário.

Inicialmente, acerca da história Mundial da Previdência, como gênero e foco da ciência previdenciária, temos os seguintes acontecimentos diretivos:

- Primeiras manifestações do homem em relação à proteção social remontam na Grécia e Roma antigas;
- Como regime protetivo, o surgimento é oriundo da luta dos trabalhadores por melhores condições de vida;
- As primeiras normas protetivas editadas tiveram caráter eminentemente assistencial;
- As primeiras leis previdenciárias surgiram na Alemanha;
- A primeira Constituição a tratar do tema foi a Carta Mexicana;

- Em 1601, na Inglaterra, foi editada a Lei dos Pobres (*Poor Relief Act*), marco da criação da assistência social, que regulamentou a instituição de auxílios e socorros públicos aos necessitados;
- *Na Alemanha, em 1883, Otto Von Bismarck* instituiu uma série de seguros sociais destinada aos trabalhadores. Criou o *Seguro-doença* para os trabalhadores da indústria, custeado por contribuições dos empregados, empregadores e do Estado;
- Em 1884, criou-se o *Seguro de Acidente de Trabalho* com o custeio a cargo dos empregadores e em 1889, foi instituído o *Seguro de Invalidez e Velhice*, custeado pelos trabalhadores, empregadores e Estado;
- 1917 – Constituição Mexicana - primeira a incluir a previdência social no seu bojo (art. 123);
- 1919 – Constituição Alemã de Weimar (art. 163), determinou ao Estado o dever de prover a subsistência do cidadão alemão, caso não possa proporcionar-lhe a oportunidade de ganhar a vida com um trabalho produtivo;
- Nos Estados Unidos, Franklin Roosevelt instituiu o *New Deal*, através da doutrina do Estado do bem-estar social (*Welfare State*), visando resolver a crise econômica que assolava o país desde 1929;
- *New Deal*: plano político de intervenção do Estado na economia, para os investimentos na saúde, assistência pública e na previdência;
- 1935 – Criação do *Social Security Act*, que criou a previdência social como forma de proteção social;
- 1941 – Inglaterra, o *Plano Beveridge*, reformado em 1946, elaborado pelo Lord Beveridge, tinha como objetivo constituir um sistema de seguro social que garantisse ao indivíduo proteção diante de certas contingências sociais, tais como a indigência ou incapacidade laborativa – uniu os três ramos da Seguridade (saúde, previdência social e assistência);
- Declaração Universal dos Direitos do Homem, de 1948, prescrevia, entre outros direitos fundamentais da pessoa humana, a proteção previdenciária;
- Organização Internacional do Trabalho (OIT), criada em 1919, em sua Convenção 102, aprovada em Genebra em 1952, traduzia os anseios e propósitos no campo da proteção social, comuns às populações dos numerosos países que a integram;
- Pactos realizados entre os países na defesa da Seguridade Social, destacamos: Pacto dos Direitos Econômicos, Sociais e Culturais (1966); Protocolo de São Salvador (1988), Convenção Americana de Direitos Humanos (Pacto de São José da Costa Rica – 1969).

Como se observa, robusta é a linhagem histórica da Previdência que mostra a evolução de sua própria essência.

importante

Oportuno, desde já, notar a grande influência europeia no cenário pátrio, sobretudo pela ideia securitária, mas não civilista e sim, social, abarcada com o modelo alemão de Otto Von Bismarck, que diretamente serviu de parâmetro para todo o ocidente.

De igual forma, o contexto nacional, a Previdência passou por vários momentos de crucial relevo para o seu aperfeiçoamento, destacando na articulação a seguir eventos de suma importância para a sua atual estatura:

- Existência das Santas Casas de Misericórdia, como a de Santos (1553): prestação de serviços da assistência social;
- Constituição de 1824, primeira que tratou da seguridade social no seu art. 179, onde abordou a importância da constituição dos socorros públicos;
- Em 1835, foi criada a primeira previdência privada no país, o Montepio Geral dos Servidores do Estado (Montgeral);
- 1850: Código Comercial – dispôs que os empregadores deveriam manter o pagamento dos salários dos empregados por no máximo três meses, no caso de acidentes imprevistos e inculpados;
- Constituição de 1891: primeira a conter a expressão "aposentadoria" – estabeleceu aposentadoria por invalidez aos servidores públicos;
- Em 1919 – Dec. 3.724/1919: instituiu o seguro obrigatório de acidente de trabalho, bem como uma indenização a ser paga pelos empregadores;
- *Lei Eloy Chaves* (Decreto Legislativo 4.682, de 24.01.1923): foi a primeira norma a instituir no país a previdência social, com a criação das Caixas de Aposentadoria e Pensão (CAP) para os ferroviários – marco da previdência social no país - custeio era a cargo das empresas e dos trabalhadores;
- Em 1930, foi criado o Ministério do Trabalho, Indústria e Comércio, que tinha a tarefa de administrar a previdência social;
- Constituição de 1934 – disciplinou a forma de custeio dos institutos, no caso tríplice (ente público, empregado e empregador);
- Constituição de 1946 – aboliu a expressão "seguro social", dando ênfase pela primeira vez na Carta da República à expressão "previdência social";
- Em 1960, foi editada a Lei 3.807, de 26.08.1960, Lei Orgânica da Previdência Social (LOPS) – considerada uma das normas previdenciárias mais importantes da época;

- A Lei 11, de 1971, criou o Fundo de Assistência ao Trabalhador Rural (Funrural), no âmbito do estatuto do trabalhador rural;
- A EC 11, de 31.03.1965, estabeleceu o princípio da precedência da fonte de custeio e relação à criação ou majoração de benefícios;
- O Dec.-lei 72, de 21.11.1966, unificou os institutos de aposentadoria e pensão, criando o Instituto Nacional de Previdência Social (INPS) – Governo centralizou a organização previdenciária em seu poder;
- Em 01.07.1977, através da Lei 6.439/1977, foi criado o Sinpas (Sistema Nacional de Previdência e Assistência Social), destinado a integrar as atividades de previdência social, da assistência social, da assistência médica e de gestão administrativa, financeira e patrimonial das entidades vinculadas ao Ministério da Previdência e Assistência Social;
- Em 1984, ocorreu a consolidação da legislação previdenciária (CLPS), que reuniu toda a legislação de custeio e benefício em um único documento: Dec. 89.312/1984;
- Com a Constituição de 1988 (Cidadã) houve a ampliação do conceito de Seguridade Social com a principal premissa de que todos devem ter o direito aos benefícios que ela distribui e o dever de contribuir para manter a solidariedade entre gerações - reestruturação completa da previdência social, saúde e assistência social, unificando esses conceitos, através dos arts. 194 a 204 da CF;
- Lei 8.029, de 12.04.1990, criou o Instituto Nacional do Seguro Social – INSS (fusão do INPS e Iapas);
- Lei 8.080 de 19.09.1990 – Sistema Único de Saúde (SUS);
- 1991 – Leis 8.212/1991 (Lei de Custeio – LC) e 8.213/1991 (Lei de Benefícios – LB) – Plano de Custeio e Organização da Seguridade Social e o Plano de Benefícios da Previdência Social;
- 1993 – Lei Orgânica da Assistência Social (Loas) – Lei 8.742/1993;
- EC 20/1998 – Reforma da Previdência – introduziu profundas alterações no sistema previdenciário;
- EC 41, de 31.12.2003, que alterou principalmente as regras do regime próprio de previdência social dos servidores públicos;
- EC 47/2005, denominada PEC Paralela que procurou reduzir os prejuízos causados aos servidores públicos pela EC 41/2003;
- 2007 – Criada a Secretaria da Receita Federal do Brasil – Secretaria da Receita Federal (SRF) + Secretaria da Receita Previdenciária (SRP) – Lei 11.457/2007;
- 2012 – Criada a Previdência Privada do Servidor – Lei 12.618/2012.

Ao que se vê, de igual forma, no âmbito nacional, o contexto histórico demonstra com salutar propriedade, a evolução da Previdência, alocando-a atualmente no patamar constitucional, demonstrando assim, a sua destacada importância para a Sociedade Brasileira, como verdadeira ferramenta de concretização dos ideários constitucionais conquistados e evoluídos no tempo.

Seguridade Social

5

Como demonstrado até aqui, defendemos a linha doutrinária que apregoa o estudo do Direito Previdenciário tão somente quanto ao instituto da Previdência Social, constitucionalmente alocado.

Porém, não há como analisar este foco, sem envolvê-lo em outro instituto alocado no Texto Supremo, quer seja a *Seguridade Social*, ou, *Sistema de Seguridade Social*.

Para compreender esta arquitetura constitucional de proteção, evidente que se deve reiterar a expressiva carga axiológica do Legislador Constitucional e sua abrangência no Direito Previdenciário, que prescindirá da Seguridade Social como estrutura que irá organizar a própria Previdência.

Como exemplos, aliás, já explorados neste estudo, as seguintes previsões bem demonstram o campo constitucional para a Previdência e para a Seguridade Social, senão vejamos: *direitos sociais* (Preâmbulo Constitucional); *Postulado da dignidade da pessoa humana* (art. 1.º, III, da CF/1988); *Previdência: Direito Social por excelência* (art. 6.º, *caput*, da CF/1988); *Aposentadoria como conquista republicana* (art. 7.º, XXIV, da CF/1988) etc.

Passando este norte introdutório, também conferindo especial primazia ao instituto e a própria ciência previdenciária, se vê, com clareza, uma organização jurídica da Seguridade no Texto Constitucional, conferindo uma sistematização jurídica peculiar, bem como, uma organização estrutural específica.

É que o legislador constitucional alocou a Seguridade Social da seguinte forma:

"TÍTULO VIII

Da Ordem Social

(...)

CAPÍTULO II

DA SEGURIDADE SOCIAL

(...)

Art. 194: A seguridade social compreende um conjunto integrado de ações de iniciativas dos Poderes Públicos e da sociedade, destinadas a assegurar os direitos relativos à saúde, à previdência e à assistência social."

Por sua vez, como não poderia deixar de ser, abalizada doutrina, também explicita com singular maestria este organismo constitucional de proteção, senão vejamos conforme lição de Celso Barroso Leite (op. cit., p. 22), Wagner Balera (op. cit., p. 35) e Fábio Lopes Vilela Berbel (*Teoria geral da previdência social*. São Paulo: Quartier Latin, 2005, respectivamente):

"Conjunto de medidas destinadas a atender às necessidades básicas do ser humano."

"O sistema securitário social consagra a proteção do indivíduo contra possíveis riscos que possam surgir, seja através da saúde, da assistência social e da previdência social."

"Desta forma, pode-se dizer, em princípio, que Sistema de Seguridade Social é o conjunto de regras e princípios estruturalmente alocados, com escopo de realizar a Seguridade Social que, a partir de uma visão meramente política, seria a proteção plena do indivíduo frente aos infortúnios da vida capazes de levá-lo à indigência, ou seja, a proteção social da infelicidade individual."

Em suma, Seguridade Social é um planejamento constitucional, sistematicamente estruturado, protetivo e que abarca três grandes áreas a saber, quer seja, *Assistência; Saúde e a Previdência Social*, que será o objeto do presente estudo, já que é a essência do Direito Previdenciário.

SEGURIDADE SOCIAL		
Assistência social	Saúde	Previdência social

Princípios da Seguridade Social

6

Oportuno, porque não afirmar também, necessária é a análise principiológica deste organismo constitucional e protetivo denominado Seguridade Social.

É que, primeiramente, como demonstrado, o objeto do Direito Previdenciário compõe uma das grandes áreas deste planejamento, logo, seus princípios influenciarão diretamente o estudo da Previdência.

Lado outro, qualquer instituto jurídico, como o ora estudado de forma resumida e didática, com alvo ao público acadêmico, também melhor se defini pela harmonia dos princípios que o compõe, sem desprezar o já ressaltado norte axiológico que age diretamente em todos os ramos da Seguridade.

Pois bem, passado este norte introdutório, cabe, porém, definir o que é um princípio?

A palavra princípio tem raiz etimológica no latim *principium*, possuindo o significado de começo, origem ou ponto de partida.

Em conhecido estudo doutrinário, o jurista Celso Antônio Bandeira de Mello (*Curso de direito administrativo*. 13. ed. São Paulo: Malheiros, 2001. p. 47), em transcrição conhecidíssima defini com clareza solar o princípio:

"(...) o mandamento nuclear de um sistema, verdadeiro alicerce dele, disposição fundamental que se irradia sobre diferentes normas compondo-lhes o espírito e servindo de critério para sua exata compreensão e inteligência exatamente por definir a lógica e a racionalidade do sistema normativo, no que lhe confere a tônica e lhe dá sentido harmônico."

E mais, aludido professor (idem, p. 67), ainda leciona acerca das consequências da violação a um princípio, demonstrando aqui o seu alto relevo:

"Violar um princípio é muito mais grave que transgredir uma norma qualquer. A desatenção ao princípio implica ofensa não apenas a um específico mandamento obrigatório, mas a todo o sistema de comandos. É a mais grave forma de ilegalidade ou inconstitucionalidade, conforme o escalão do princípio atingido, porque representa insurgência contra todo o sistema, subversão de seus valores fundamentais, contumélia irremissível a seu arcabouço lógico e corrosão de sua estrutura mestra. Isto porque, em ofendê-lo, abatem-se as vigas que o sustêm e alui-se toda a estrutura nelas esforçadas."

Outro doutrinador de expressiva envergadura, professor Nelson Luiz Pinto, da PUC-SP (palestra realizada no curso da PUC-SP/Cogeae, em novembro de 2011), de igual forma, traz uma lição lúcida, coesa e objetiva da essência do princípio:

"(...) os princípios, genericamente falando, são regras não escritas que decorrem ou de outras regras escritas, ou de um conjunto de regras, ou do sistema jurídico como um todo, e que orientam não apenas a aplicação do direito positivo, mas também, a própria elaboração de outras regras, que a eles devem guardar obediência hierárquica."

Em síntese, podemos resumir de forma didática que os princípios são:

- utilitários para interpretação de um Sistema Jurídico;
- diretrizes de interpretação;
- regras não escritas;
- normas supralegais, abstratas, de alta carga valorativa e que são usadas para a elaboração e aplicação do direito.

Como não poderia deixar de ser, também existem duas correntes acerca destes princípios, sendo uma, eminentemente *doutrinária* e outra, de linhagem *constitucional*.

atenção

Em termos didáticos, preferimos aderir a segunda corrente, que faz a interpretação não só literal, mas harmoniosa e consentânea do texto constitucional.

É que o já citado art. 194 da CF/1988 e seu parágrafo único trazem os objetivos da Seguridade Social que são seus verdadeiros princípios, devendo aqui a semântica ser usada de forma axiológica.

Assim, fácil aferir que os Princípios da Seguridade Social, segundo a corrente constitucional, estão contextualizados no art. 194, parágrafo único, da *Lex Fundamentallis*, sendo divididos em *geral e específicos*.

De início, tem-se como único princípio geral o da *Solidariedade*, estratificado no art. 3.º, I, da CF/1988.

Possui as seguintes características que bem o definem:

- pilar de sustentação do regime previdenciário;
- objetivo fundamental da República;
- espírito orientador de toda a Seguridade;
- proteção individual x proteção coletiva;
- ausência de paridade entre contribuição e prestação;
- sustento do regime protetivo;
- aplicação acentuada na Previdência Social (contributiva);
- "Pacto de Gerações".

Acerca dos princípios específicos, outra subdivisão, merece destaque.

Os incisos do art. 194, parágrafo único, da CF/1988 demonstram os princípios da Seguridade Social sob três vertentes: princípios de "Direitos" (incs. I ao IV); de "Deveres" (incs. V e VI) e de "Gestão" (inc. VII).

Assim, o primeiro princípio sedimentado no inc. I do parágrafo único do art. 194 da CF, denominado, "Universalidade da Cobertura e do Atendimento", tem as seguintes características que também o define:

- visa tornar acessível a Seguridade Social a todas as pessoas residentes na federação;
- todos devem estar cobertos;
- aplicado a todos os ramos da Seguridade;
- riscos sociais abrangidos, conforme a *Teoria do Risco Social*, condensada no art. 201 da CF/1988 e arts. 1.º e 9.º da Lei 8.213/1991.

Por sua vez o segundo princípio, nominado constitucionalmente como "Uniformidade e Equivalência dos Benefícios e Serviços às populações Urbanas e Rurais", que visa corrigir longa discrepância histórica que marginalizou os campesinos também da tutela previdenciária, detém os seguintes caracteres:

- a Constituição Federal de 1988 disciplina uniformidade e equivalência de benefícios e serviços, sem qualquer distinção;
- é um princípio que busca superar as históricas diferenças de tratamento das populações urbanas e rurais;
- paridade entre trabalhadores rurais e urbanos;

- equivalência econômica (salário mínimo);
- constitucionalização (extinção do Funrural);
- ampliação do plano de cobertura.

Outro princípio, alocado no inc. III do parágrafo único do art. 194 da CF, denominado "Seletividade e Distributividade na Prestação de Benefícios e Serviços" é mais bem compreendido pelas seguintes premissas:

- possibilita a ponderação dos critérios de atendimento pela necessidade (aos que necessitam);
- Exemplo: Auxílio-doença, que será distribuído a uma classe específica e selecionada;
- contrapeso da universalidade (recursos limitados);
- recursos distribuídos como forma de proteção.

Por fim, o último princípio da linha de "Direitos", é o da "Irredutibilidade do Valor dos Benefícios", encontrado no inc. IV do parágrafo único do art. 194 da CF, com as seguintes definições:

- o poder aquisitivo dos benefícios não pode ser aviltado. Neste contexto a forma de correção dos benefícios previdenciários será feita de acordo com o preceituado em lei;
- valor nominal não pode sofrer redução;
- reajustamento periódico.

Prosseguindo, o primeiro princípio da vertente "Dever", de nome "Equidade na Forma de Participação no Custeio", encontrado no inc. V do parágrafo único do art. 194 da CF/1988, contextualiza verdadeira meta a seguir, conforme as seguintes premissas a respeito:

- a Constituição Federal de 1988 criou diversas fontes de custeio, mas apenas àqueles que estiverem em iguais condições contributivas é que terão de contribuir da mesma forma;
- mais contribuições quem tem mais capacidade de pagamento;
- Exemplo: Tabela e faixa contributiva do salário de contribuição.

O segundo princípio desta mesma ótica, conhecido como "Diversidade na Base de Financiamento", sedimentado no inc. VI do parágrafo único do art. 194 da CF, denota especialíssima preocupação com o equilíbrio financeiro que deve gerir o sistema, senão vejamos:

- a Lei Maior prevê diversas formas de financiamento da Seguridade social, nos moldes do art. 195 da CF;

- ideia de diminuir o risco financeiro (sustentabilidade do sistema);
- contribuições de: governo + empresas + segurados.

Derradeiramente, o último princípio inserido no inc. VII do parágrafo único do art. 194 da CF, sob a ótica "Gestão", é o conhecido como "Caráter Democrático e Descentralizado na Gestão Administrativa", que na verdade deve sair da teoria e ser encampado na prática, já que possui as seguintes metas que bem explicam a sua existência:

- A Constituição Federal de 1988 dispõe que os trabalhadores, os empresários, os aposentados e órgãos colegiados do Governo participarão da gestão administrativa da Seguridade Social, a qual terá caráter democrático e descentralizado;
- gestão quadripartite;
- estruturação de um "Conselho Nacional de Previdência Social" (CNPS), com a existência de participações paritárias.

Em linhas gerais, fácil aferir um sensível arcabouço principiológico robusto da Seguridade Social, que também ramifica sobre todas as grandes áreas, dentre elas, a Previdência Social, campo de pouso da vertente pesquisa.

7

Regimes Previdenciários (RGPS, RPPS e PP)

O estudo organizado da Previdência Social enquanto ramo da Seguridade Social deve passar por várias especificações, dentre elas, entender e compreender o regime previdenciário que vai trazer ao intérprete a melhor compreensão deste verdadeiro pacote de proteção.

De fato, tal fim, melhor se afere quando a estrutura do regime previdenciário é mitigada.

Para tanto, o seguinte quadro se faz necessário para visualizar os regimes previdenciários existentes no direito tupiniquim.

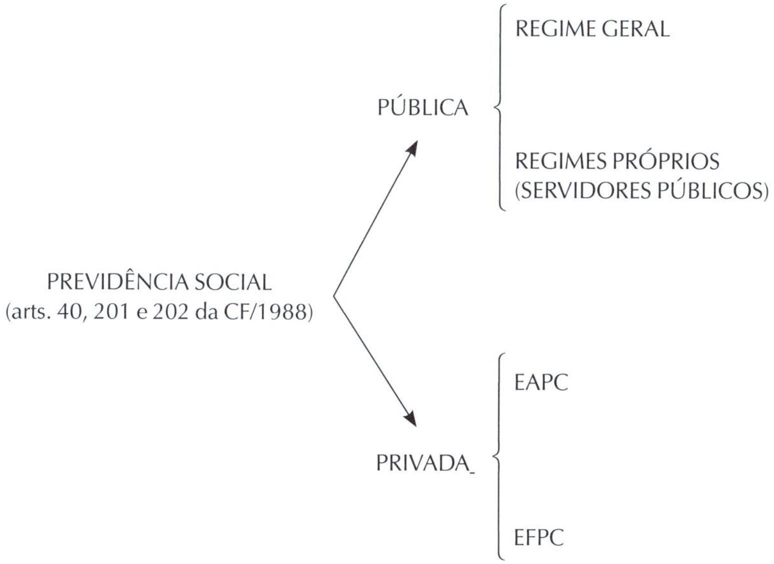

Fica nítido que não existe apenas um regime previdenciário, mas outros, que visam a dar corpo e concretude a técnica protetiva denominada Previdência

Por regime previdenciário, ensina o professor Wagner Balera (op. cit., p. 67) que:

"Arcabouço de normas disciplinadoras da relação jurídica previdenciária, garantindo aos beneficiários a cobertura do seguro social na hipótese de virem a ser atingidos pelos riscos sociais cobertos."

De igual forma e na mesma linha, conceitua o professor Ivan Kertzman (op. cit., p. 23):

"Considera-se Regime de Previdência Social aquele que ofereça aos segurados, no mínimo, os benefícios de aposentadoria e pensão por morte."

Como se vê, regime jurídico é um relacionamento organizado, mas específico, disciplinador de um pacto previdenciário com direitos e deveres.

Para tanto, o regime que se diz previdenciário deve, obrigatoriamente, conter em sua viga estrutural três componentes: *Beneficiários* + *Prestações* + *Custeio*.

Regime Previdenciário		
Beneficiários	Prestações	Custeio

Esta a estrutura do Regime Previdenciário.

O professor Moacyr Velloso leciona a este respeito:

"Para caracterizar-se como Regime Previdenciário, dentro de um Sistema de Proteção Social, obrigatoriamente deve conter custeio e prestações específicas, asseguradas a beneficiários determinados."

Outro olhar, também essencial para a melhor compreensão do Regime Previdenciário, é saber a sua técnica de financiamento.

note BEM

Do ponto de vista financeiro os Regimes Previdenciários são financiados através de duas técnicas: *repartição simples x capitalização.*

O quadro diferencia de forma didática estas técnicas:

Repartição simples	*Capitalização*
Contribuições para fundo (vertidas)	Contribuições investidas

Distribuição conforme necessidade	Geridas pelos administradores privados
Solidariedade	Rendimentos

Fácil já compreender que a Previdência Pública, conforme mostrado no gráfico supra, possui a repartição simples, como técnica financiadora, ao passo que na Previdência Privada, prevalece como regime financiador a capitalização, até mesmo devido a essência desta modalidade de Previdência.

Lado outro, como impingido, entendendo o que é o Regime Previdenciário, sua finalidade, objetivo, seu regime de financiamento, necessário então mensurá-lo objetivamente a partir de suas modalidades.

De fato, hodiernamente, temos basicamente três Regimes Previdenciários:

- RGPS (Regime Geral de Previdência Social);
- RPPS (Regime Próprio de Previdência Social);
- RPP ou RPC (Regime de Previdência Privada/Complementar).

Por primeiro, a definição doutrinária do denominado Regime Geral subscrita pelo professor Wagner Balera (op. cit., p. 15):

"O Regime Geral da Previdência Social vem disciplinado no art. 201 da Carta Constitucional de 1988, ao estabelecer que a previdência social será organizada sob a forma de regime geral, de caráter contributivo e de filiação obrigatória, observados os critérios que preservem o equilíbrio financeiro e atuarial. *Neste regime, encontraremos todos os trabalhadores, desde que não filiados ao regime próprio, bem como, aqueles que, embora não exerçam atividades remuneradas, inscrevam-se no sistema.*"

De igual forma a definição do Legislador Constitucional através do art. 201 da CF/1988:

"A previdência social será organizada sob a forma de regime geral, de caráter contributivo e de filiação obrigatória, observados critérios que preservem o equilíbrio financeiro e atuarial (...)."

Também, ainda que com técnica legislativa questionável, mas a legislação previdenciária infraconstitucional regula o Regime Geral:

"Art. 9.º A Previdência Social compreende:

I – o Regime Geral de Previdência Social;

§ 1.º O Regime Geral de Previdência Social – RGPS garante a cobertura de todas as situações expressas no art. 1.º desta Lei, exceto as de desemprego involuntário, objeto de lei específica, e de aposentadoria por tempo de contribuição para o trabalhador de que trata o § 2.º do art. 21 da Lei 8.212, de 24.07.1991." (art. 9.º, I e § 1.º, da Lei 8.312/1991);

"Art. 6.º A previdência social compreende:

I – o Regime Geral de Previdência Social;

Parágrafo único. O Regime Geral de Previdência Social garante a cobertura de todas as situações expressas no art. 5.º, exceto a de desemprego involuntário, observado o disposto no art. 199-A quanto ao direito à aposentadoria por tempo de contribuição." (art. 6.º, I e parágrafo único, do Dec. 3.048/1999).

Algumas características deste RGPS:

- regime geral;
- público;
- contributivo;
- repartição simples;
- compulsório (filiação obrigatória);
- risco social (eventos);
- administrado pelo INSS.

Outro Regime Previdenciário, ainda como modalidade de Previdência Pública, agora denominado Regime Próprio de Previdência Social (RPPS), possui a seguinte conceituação, conforme lição do professor Hermes Arrais Alencar (*Benefícios previdenciários*. 4. ed. São Paulo: Leud, 2009. p. 86):

"Regime diferenciado de previdência, constitucionalmente previsto no art. 40, o Regime Próprio de Servidor Público – RPSP – é aquele que uma vez instituído é de natureza obrigatória, vinculando o ingresso de todos servidores públicos das esferas federal, distrital, estadual e dos municípios."

No patamar constitucional, de igual forma, esse Regime está condensado no comando do art. 40, *caput*, da CF/1988,

"Art. 40. Aos servidores titulares de cargos efetivos da União, dos Estados, do Distrito Federal e dos Municípios, incluídas suas autarquias e fundações, é assegurado regime de previdência de caráter contributivo e solidário, mediante contribuição do respectivo ente público, dos servidores ativos e inativos e dos pensionistas, observados critérios que preservem o equilíbrio financeiro e atuarial e o disposto neste artigo."

Do mesmo modo, também a legislação marginália traz referência a esse regime próprio:

"Art. 6.º A previdência social compreende:

(...)

II – os regimes próprios de previdência social dos servidores públicos e dos militares;" (art. 6.º, II, do Dec. 3.048/1999).

Por sua vez, caracteriza-se da seguinte forma:

- regime diferenciado/individualizado;
- público, solidário, contributivo;
- repartição simples;
- compulsório (decorre do cargo);
- *Teoria do Risco Social* (eventos);
- taxação dos inativos;
- administrado pelo Ente Federativo instituidor.

Finalmente, o Regime de Previdência Privada/Complementar (RPP ou RPC) está definido pela lição doutrinária do professor Wladimir Novaes Martinez (op. cit., p. 49.) da seguinte forma:

"Conjunto de operações econômico-financeiras empreendidas no âmbito particular da sociedade, de adesão espontânea, propiciando benefícios adicionais ou assemelhados, mediante recursos exclusivos do protegido."

Outra definição deste regime previdenciário, agora na lição do professor Ivan Kertzman (op. cit., p. 45):

"O Regime de Previdência Privada Complementar é facultativa e, obviamente, de natureza privada. É organizado de forma autônoma em relação ao Regime Geral de Previdência Social e baseia-se na constituição de reservas que garantam o benefício contratado."

Como não poderia deixar de ser, também a definição do Constituinte Originário tal qual se observa da simples leitura do comando constitucional inserto no art. 202, *caput*, da CF/1988:

"O Regime de Previdência Privada, de caráter complementar e organizado de forma autônoma em relação ao regime geral de previdência social, será facultativo, baseado na constituição de reservas que garantam o benefício contratado, e regulado por lei complementar."

Para melhor compreender este Regime, importante é também ressaltar os diplomas legais acerca deste regime:

"Art. 9.º. A previdência social compreende:

(...)

> II – o Regime Facultativo Complementar de Previdência Social;" (art. 9.º, II, da Lei 8.213/1991)

Desde já, ressalta-se a existência das Leis 108/2001 e 109/2001 que bem regulamentam este ramo previdenciário de maneira completa, cuja análise não exauriente, mas panorâmica, será ainda feita neste livro.

Por fim, as características do RPP:

- caráter complementar;
- organização autônoma;
- facultativo;
- privado (na contratação);
- contributivo;
- capitalização (investidas/rentabilidade);
- *Teoria do Risco Social* (eventos);
- administração particular (instituidor);
- entidades fechadas e abertas.

Para fins de elucidação o texto constitucional informador deste regime se vale da terminologia privada e não complementar, o que se percebe da simples leitura do art. 202, *caput*, da CF/1988.

O mesmo dispositivo coloca o complementar como uma das características, mas não a definição. Esta a ótica constitucional.

Em linhas gerais, os Regimes Previdenciários, nada mais são, senão relações jurídicas organizadas de ordem previdenciária com direitos e deveres de seus participantes/Segurados, que será o objeto do próximo capítulo, isto é, a partir do RGPS.

O Regime Geral de Previdência Social (RGPS)

8

Como antes defendido, o RGPS é o maior e mais complexo regime jurídico dentre os previdenciários, por vários motivos.

Neste sentido, importante destacar desde já, que ante a sua imensidão seja quanto à forma e quanto ao conteúdo, acaba por ser parâmetro e modelo para outros Regimes Previdenciários.

Por outro lado e adotando aqui o seu estudo estrutural, já que mais didático e objetivo, iniciaremos o enfoque quanto aos seus Beneficiários, ou seja, os sujeitos protegidos e destinatários de todo o pacote previdenciário.

8.1 BENEFICIÁRIOS (SEGURADOS E DEPENDENTES)

Inicialmente, cabe aqui afirmar e demonstrar que a terminologia "beneficiários" advém da própria norma legal, sendo amoldada pela abalizada doutrina.

De fato, basta realizar uma análise literal dos arts. 1.º e 10 da Lei 8.213/1991 (Lei de Benefícios – LB), bem como do art. 3.º da Lei 8.212/1991 (Lei de Custeio – LC) para se confirmar tal afirmação.

Contudo, é a doutrina quem irá realizar a sua compreensão jurídica em amplo aspecto.

Neste sentido é a lição do professor Miguel Horvath (*Direito previdenciário*. 8. ed.. São Paulo: Quartier Latin, 2011. p.151):

> "Beneficiário é toda pessoa protegida pelo sistema previdenciário, seja na qualidade de segurado ou dependente. Os beneficiários são os sujeitos ativos das prestações previdenciárias."

Na mesma direção, o Professor Wladimir Novaes Martinez (Op. cit., p.44),

> "Beneficiários são designações genéricas que indicam os destinatários da previdência social. Sujeitos capazes de direitos e obrigações previdenciárias."

Cabe então resumirmos esta parte estrutural do RGPS, consignando, pois que Beneficiários são:

- Sujeitos protegidos;
- Destinatários do planejamento de proteção;
- Personagens da técnica previdenciária;
- Abrigados do sistema protetivo.

Antes de explorarmos ainda mais o RGPS, se faz necessário apresentar a seguinte ilustração,

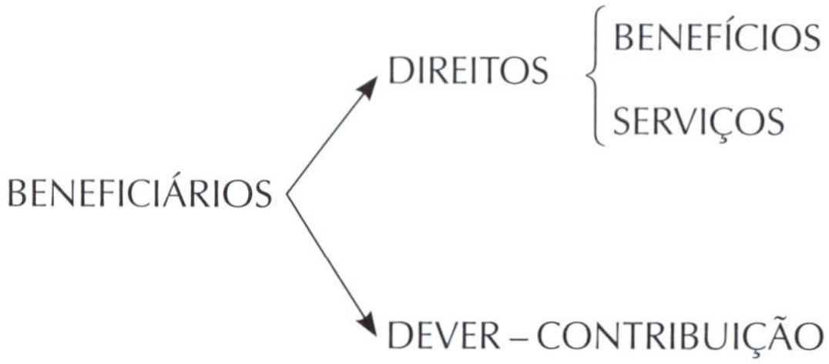

É que há uma relação jurídica autêntica com direitos e deveres que são observados nesta proteção previdenciária.

Logo, os beneficiários possuem direitos neste abrigo previdenciário, contudo, também deveres, sobretudo quanto a contribuição, já que esta característica é implícita na própria existência da Previdência.

Também, outra classificação ainda neste assunto, merece registro.

note BEM

O *beneficiário* é o gênero, do qual são ramos específicos que o compõe os *segurados* e *dependentes*.

Em suma:

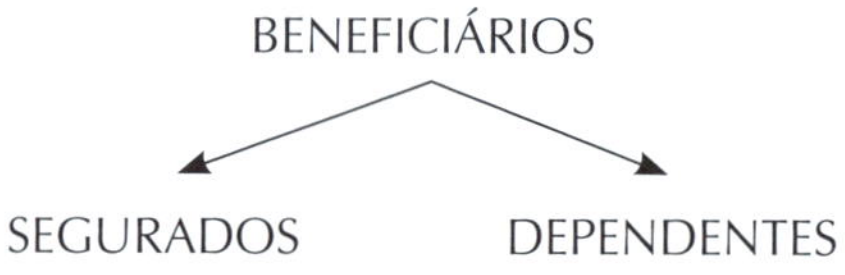

Especificando ainda mais esta clientela previdenciária, surge a necessidade de compreender estas subdivisões, de suma importância para a tutela protetiva ora discorrida.

Inicialmente, consignar que os segurados são titulares de direitos próprios, ao passo que os dependentes também exercem direitos próprios, mas sua vinculação com a Previdência Social está condicionada à manutenção da relação jurídica do segurado com o Sistema Previdenciário.

É a denominada proteção previdenciária *indireta ou oblíqua* dos dependentes, eis que a vinculação previdenciária e por consequência a proteção destes, sempre vai passar pela condição jurídica do segurado com o regime previdenciário.

Porém, a conceituação de segurados e dependentes, de igual forma, se torna necessária.

A doutrina presta assim relevo sólido para aferir estes protegidos, consignando, desde já, os ensinamentos do professor Augusto Grieco Sant'anna Meirinho (Palestra ministrada no Curso de Pós-Graduação na EPD/SP em 04.2009):

> "Segurados são as pessoas físicas que, em razão de exercício de atividade ou mediante o recolhimento de contribuições, vinculam-se diretamente ao Regime Geral".

Corroborando a bilateralidade deste pacto, oportuna a lição do professor Miguel Horvath Junior (Op. cit, p. 95) a respeito:

> "Segurados são as pessoas que mantém vínculo com a Previdência Social, decorrendo destes vínculos direitos e deveres."

No plano legislativo previdenciário são as seguintes as referências normativas a respeito dos Segurados:

importante

- Arts. 11 ao 13 da Lei 8.213/1991 (Lei de Beneficíos – LB);
- Arts. 12 ao 14 da Lei 8.212/91 (Lei de custeio – LC);
- Arts. 9.º ao 11 do Dec. 3.048/99 (RGPS).

Por sua vez, também a noção doutrinária acerca dos Dependentes apresentada pelo professor Augusto Grieco Sant'anna Meirinho (Palestra ministrada no Curso de Pós-graduação na EPD/SP em 04.2009):

> "São as pessoas cujo liame jurídico existente entre elas e o segurado permite que a proteção previdenciária lhes seja estendida de forma reflexa."

No plano normativo, são as seguintes referências no tocante a Dependentes:

> – Art. 16, I ao III e parágrafos da Lei 8.213/1991 (Lei de Benefícios – LB);
> – Art. 16, I ao III e parágrafos do Dec. 3.048/1999 (RGPS).

Em regra, nítido então afirmar que *beneficiários* serão sempre os *segurados* ou *dependentes*, subdivisões do gênero *sujeitos protegidos*.

Válido, pois, ainda delimitar ainda mais estas subdivisões.

É que quanto aos *segurados*, há a classificação quanto a obrigatoriedade e quanto a sua facultatividade.

De fato, também há a explicação quanto a incidência dos princípios constitucionais nos pontos ora discorridos.

Obrigatórios porque atendem a regra compulsória do exercício de atividades remuneradas, ante o caráter contributivo que norteia a Previdência Social pela expressa literalidade do comando constitucional do art. 201, *caput*, da CF ao passo que a facultatividade exprime o conceito da abertura do pacote de proteção, ou seja, enquanto técnica protetiva deve ser e estar sempre aberta a novas filiações, ante a regra constitucional da universalidade da abertura e do atendimento.

Logo, os *segurados obrigatórios* são os maiores de 16 anos (salvo o menor aprendiz que pode exercer atividade a partir dos 14 anos) que exercem qualquer tipo de atividade remunerada lícita que os vinculem, obrigatoriamente ao Sistema Previdenciário, como exemplo: empregado, doméstica, profissional liberal etc.

Por sua vez, os *segurados facultativos* são aqueles que, mesmo sem exercer atividade remunerada que os vincule obrigatoriamente ao RGPS, optam pela inclusão no sistema previdenciário (devendo ter a idade mínima de 16 anos), como os estudantes, estagiário, síndico, membro do conselho tutelar etc.

Dada a sua importância e extensão jurídica serão melhor explorados nos próximos sub-tópicos.

8.2 SEGURADOS OBRIGATÓRIOS E FACULTATIVOS

Com efeito, a mensuração específica e concatenada de quem são estes sujeitos, se torna obrigatória para a melhor compreensão da tutela previdenciária direta ou objetiva, própria dos Segurados.

Logo, classifica a doutrina, conforme a interpretação harmoniosa da legislação hodierna cinco categorias de *segurados obrigatórios* do RGPS, senão vejamos:

- empregados;
- empregados domésticos;
- contribuintes individuais;
- trabalhadores avulsos;
- segurados especiais.

Pois bem, necessária a análise ainda que panorâmica de cada categoria desta, de forma articulada.

8.2.1 Empregado

Nesta categoria estão incluídos os trabalhadores com carteira assinada, trabalhadores temporários, diretores-empregados, quem tem mandato eletivo, quem presta serviço a órgãos públicos, como ministros e secretários e cargos em comissão em geral, quem trabalha em empresas nacionais instaladas no exterior, multinacionais que funcionam no Brasil, organismos internacionais e missões diplomáticas instaladas no país.

De outro lado, não estão nesta categoria os empregados vinculados a regimes próprios, como os servidores públicos.

Trata-se de conceito de empregado semelhante àquele constante na legislação trabalhista, conforme reza o art. 3.º da CLT, que demonstra a necessidade dos seguintes requisitos configuradores: *pessoalidade + habitualidade + subordinação + onerosidade*.

Também são empregados segundo a ótica previdenciária o exercente de mandato eletivo federal, estadual ou municipal, desde que não vinculado a regime próprio de previdência social, ou seja, são as pessoas escolhidas em processo eleitoral para cargos eletivos (governador de Estado, vereadores, prefeitos, deputados etc.) desde que não estejam vinculados a regime próprio de previdência social.

Exemplos: Governadores de Estado, Prefeitos, Vereadores, Deputados Estaduais, etc.

Por fim, outras regulamentações específicas desta primeira categoria de Segurado Obrigatório:

- *o bolsista e o estagiário que prestam serviços a empresa, em desacordo com a Lei 11.788/2008;*
- *o servidor do Estado, Distrito Federal ou Município, autarquias e fundações, ocupante de cargo efetivo, desde que, nessa qualidade, não esteja amparado por regime próprio de previdência social;*
- *o servidor contratado pela União, Estado, Distrito Federal ou Município, autarquias e fundações, por tempo determinado, para atender a necessidade temporária de excepcional interesse público, nos termos do inc. IX do art. 37 da CF;*
- *o escrevente e o auxiliar contratados por titular de serviços notariais (cartorários).*

8.2.2 Empregado doméstico

Ao contrário do empregado, porém com algumas semelhanças fáticas e jurídicas, os domésticos são os trabalhadores que prestam serviços na casa de outra pessoa ou família, desde que essa atividade não tenha fins lucrativos para o empregador. São considerados como empregados domésticos a governanta, o enfermeiro, o jardineiro, o motorista, o caseiro etc.

Algumas referências legais que bem demonstram este ente jurídico, com contornos previdenciários:

- *Art. 11, II da Lei 8.213/1991 (Lei de Benefícios – LB);*
- *Art. 7.º,* a, *da CLT;*
- *Lei 5.859/1972;*
- *Art. 7.º, parágrafo único, da CF/1988.*

8.2.3 Trabalhador avulso

Trata-se do trabalhador que presta serviço a várias empresas, mas é "contratado" por sindicatos e órgãos gestores de mão de obra (OGMO).

Nesta categoria estão os trabalhadores em portos, como: estivador, carregador, amarrador de embarcações, quem faz limpeza e conservação de embarcações e vigia.

Na indústria de extração de sal e no ensacamento de cacau e café também há trabalhador avulso.

Assim, o Dec. 3.048/1999 em seu art. 9.º, VI, traz um rol mais extensivo acerca desta categoria:

"(...)

a) o trabalhador que exerce atividade portuária de capatazia, estiva, conferência e conserto de carga, vigilância de embarcação e bloco;

b) o trabalhador de estiva de mercadorias de qualquer natureza, inclusive carvão e minério;

c) o trabalhador em alvarenga (embarcação para carga e descarga de navios);

d) o amarrador de embarcação;

e) o ensacador de café, cacau, sal e similares;

f) o trabalhador na indústria de extração de sal;

g) o carregador de bagagem em porto;

h) o prático de barra em porto;

i) o guindasteiro; e

j) o classificador, o movimentador e o empacotador de mercadorias em portos".

8.2.4 Contribuinte individual

Conforme a Lei 8.213/1991 em sua redação original, havia uma tríplice classificação desta categoria, sendo então *empresário, trabalhador autônomo e equiparado a trabalhador autônomo.*

Porém, entre as várias modificações advindas com a Lei 9.876, de 29.11.1999, houve uma fusão desta tripartição, criando assim uma única categoria: *contribuinte individual.*

Em linhas gerais, são as pessoas que trabalham por conta própria (autônomos) e os trabalhadores que prestam serviços de natureza eventual a empresas, sem vínculo empregatício, como, por exemplo, os sacerdotes, os síndicos remunerados, os motoristas de táxi, os vendedores ambulantes, as diaristas, os pintores, os eletricistas, os associados de cooperativas de trabalho, advogados, dentistas e outros.

Cabe aqui, listar e realizar breves comentários acerca desta categoria conforme o comando legal acima referenciado, em especial do art. 11, V e alíneas, da Lei 8.213/1991 (Lei de Benefícios – LB):

a) a pessoa física, proprietária ou não, que explora atividade agropecuária, a qualquer título, em caráter permanente ou temporário, em área superior a 4 (quatro) módulos fiscais; ou, quando em área igual ou inferior a 4 (quatro) módulos fiscais ou atividade pesqueira, com auxílio de empregados ou por intermédio de prepostos; ou ainda nas hipóteses dos §§ 9.º e 10 deste artigo;

Trata-se aqui do produtor rural, ou seja, a pessoa física que contribui de forma diferenciada para a Previdência Social, devendo contratar terceiros como empregados, como exemplo, o parceiro outorgante (meeiro ou parceiro), que utiliza empregados etc.

Desde já, dada a sua relevância, sobretudo para se tentar adotar critérios objetivos para o enquadramento de categorias no tocante ao trabalhador rural, criou o governo os chamados *módulos fiscais*, que passou a ser o atual parâmetro.

Na verdade, é uma inovação trazida pela Lei 11.718/2008 com conceito advindo do Estatuto da Terra (Lei 4.504/1964), que se vale de unidade de medida em hectares fixada de uma forma mediana por cada Município.

Por exemplo, em algumas regiões a pequena propriedade é aquela de até 04 módulos fiscais, sendo regional a sua delimitação, isto é, depende da classificação e características de cada ponto regional rural do País, variando de faixa de Estado para Estado.

b) a pessoa física, proprietária ou não, que explora atividade de extração mineral – garimpo, em caráter permanente ou temporário, diretamente ou por intermédio de prepostos, com ou sem o auxílio de empregados, utilizados a qualquer título, ainda que de forma não contínua;

Trata-se do *garimpeiro* que sempre será considerado como contribuinte individual, mesmo que exerça a atividade sem a contratação de empregados.

c) o ministro de confissão religiosa e o membro de instituto de vida consagrada, de congregação ou de ordem religiosa;

São os padres, pastores, rabinos e demais líderes religiosos.

f) o titular de firma individual urbana ou rural, o diretor não empregado e o membro de conselho de administração de sociedade anônima, o sócio solidário, o sócio de indústria, o sócio gerente e o sócio cotista que recebam remuneração decorrente de seu trabalho em empresa urbana ou rural, e o associado eleito para cargo de direção em cooperativa, associação ou entidade de qualquer natureza ou finalidade, bem como o síndico ou ad-

ministrador eleito para exercer atividade de direção condominial, desde que recebam remuneração;

Empresário individual, bem como o sócio gerente ou cotista que recebe remuneração (pró-labore) pelo exercício de atividade de direção na sociedade empresarial, associado eleito para cargo de direção da cooperativa, associação ou entidade de qualquer natureza ou finalidade, além do síndico ou administrador eleito para exercer atividade de direção condominial, desde que recebam remuneração.

g) quem presta serviço de natureza urbana ou rural, em caráter eventual, a uma ou mais empresas, sem relação de emprego;

São os autônomos que prestam serviços a pessoas jurídicas, desde que a prestação do trabalho seja de caráter eventual.

h) a pessoa física que exerce, por conta própria, atividade econômica de natureza urbana, com fins lucrativos ou não;

São os autônomos propriamente ditos, que prestam serviços por conta própria, ou também denominados, profissionais liberais, como, por exemplo, advogados, dentistas, camelôs, profissionais do sexo etc.

Como também não poderia deixar de ser, o Decreto Regulamentador cumprindo fidedignamente seu papel, traz outras situações no tocante ao contribuinte individual, conforme extração do art. 9.º, V e alíneas do Dec. 3.048/1999:

"(...)

f) o diretor não empregado e o membro de conselho de administração na sociedade anônima;

g) todos os sócios, nas sociedades em nome coletivo e de capital e indústria;

(...)

n) o cooperado de cooperativa de produção que, nesta condição, presta serviço à sociedade cooperativa mediante remuneração ajustada ao trabalho executado;"

8.2.5 Segurado especial

Por fim, a última categoria dos *segurados obrigatórios.*

São os *trabalhadores rurais* que produzem individualmente ou em regime de economia familiar, sem utilização de mão de obra assalariada permanente.

Estão incluídos nesta categoria cônjuges, companheiros e filhos maiores de 16 anos que trabalham com a família em atividade rural. Também são considerados segurados especiais o pescador artesanal e o índio que exerce atividade rural e seus familiares.

> **importante**
>
> Porém, de todo necessário aferir o que é o tão conhecido regime de economia familiar, tal qual rotulado no art. 11, VII, § 1.º, da Lei 8.213/1991 (Lei de Benefícios – LB).

Entende-se como regime de *economia familiar* a atividade em que o trabalho dos membros da família é indispensável à própria subsistência e ao desenvolvimento socioeconômico do núcleo familiar e é exercido em condições de mútua dependência e colaboração, sem a utilização de empregados permanentes. Para serem considerados segurados especiais, o cônjuge ou companheiro e os filhos maiores de 16 anos ou os a estes equiparados deverão ter participação ativa nas atividades rurais do grupo familiar.

Logo, deve o campesino demonstrar aludida atividade em economia familiar para fazer jus ao benefício do rurícola, desde que, é evidente, preenchido os demais requisitos como idade e carência.

Aqui, um dos pontos nevrálgicos do Direito Previdenciário com diversas repercussões no Poder Judiciário.

Entretanto, será um tópico melhor dirimido quando do estudo da aposentadoria por idade.

Contudo, desde já, importante visualizar dois julgados opostos em que se discutiu a comprovação ou não do trabalho rural, ponto de colisão com os entendimentos administrativos sobre esta aposentadoria, senão vejamos:

> "*Início de prova material garante aposentadoria por idade a trabalhadora rural*. 'Não se deve aplicar rigor excessivo na comprovação da atividade rurícola, para fins de aposentadoria, sob pena de tornar-se infactível (impossível de realizar), em face das peculiaridades que envolvem o trabalhador do campo'. Acompanhando essa conclusão do Juiz Federal Marcelo Granado (convocado), a 1.ª Turma Especializada do TRF-2.ª Reg. confirmou sentença da Justiça Estadual de Marataizes, no Espírito Santo, que condenou o INSS a conceder aposentadoria por idade, de um salário mínimo, a uma trabalhadora rural da região. (...) Por fim, Marcelo Granado lembrou que a lei 'ao admitir a possibilidade

de início de prova material, não exige que haja documento probante com relação a todo o período alegado, caso contrário não exigiria "início" de prova material, mas, sim, prova material exaustiva', encerrou."

(TRF-2.ª Reg., Ap (Reexame necessário) 2010.02.01.015413-0, 1.ª Turma Especializada, j. 29.03.2011, rel. Juiz Federal convocado Marcello Ferreira de Souza Granado, *e-DJF2R* 08.04.2011, Informativo do TRF-2.ª Reg., de 06.10.2011.)

"Previdenciário. Embargos infringentes. Aposentadoria por idade. Rural. Ausência de prova material. Testemunha vaga. 1. A questão relativa à comprovação de atividade rural se encontra pacificada no STJ, que exige início de prova material, afastando por completo a prova exclusivamente testemunhal (Súmula 149 STJ). 2. No caso em tela, não há documentos que comprovem a faina campesina. A declaração de suposto ex-empregador é extemporânea aos fatos em contenda e, desse modo, equipara-se a simples testemunho, com a deficiência de não ter sido colhido sob o crivo do contraditório. 3. Os testemunhos colhidos foram vagos e mal circunstanciados para comprovar o mourejo asseverado. 4. Embargos infringentes providos."

(TRF-3.ª Reg., EI 97.03.048867-6/SP, 3.ª Seção, j. 22.09.2011, rel. Des. Daldice Santana, *DJF3* 30.09.2011, p.. 85.)

atenção

O art. 11, VII, da Lei 8.213/1991 (Lei de Benefícios – LB) sofreu recente alteração por intermédio da já citada Lei 11.718/2008, modificando o conceito de segurado especial, que atualmente é:

"*(...) a pessoa física residente no imóvel rural ou em aglomerado urbano ou rural próximo a ele que, individualmente ou em regime de economia familiar, ainda que com o auxílio eventual de terceiros, na condição de:*

a) produtor, seja proprietário, usufrutuário, possuidor, assentado, parceiro ou meeiro outorgados, comodatário ou arrendatário rurais, que explore atividade: 1. agropecuária em área de até 4 (quatro) módulos fiscais;

2. de seringueiro ou extrativista vegetal (...);

b) pescador artesanal ou a este assemelhado que faça da pesca profissão habitual ou principal meio de vida;

c) cônjuge ou companheiro, bem como filho maior de 16 anos de idade ou a este equiparado, do segurado de que tratam as alíneas a *e* b *deste inciso, que, comprovadamente, trabalhem com o grupo familiar respectivo.*"

Estas, em linhas gerais e resumidas, as categorias dos *segurados obrigatórios*.

Como antes informado, os *segurados* são divididos em duas espécies, quer seja, obrigatórios e facultativos.

Entende-se por *segurados facultativos* toda pessoa que, sem exercer atividade que determine filiação obrigatória, contribui *voluntariamente* para a Previdência Social, tendo como idade mínima para ingressar no sistema previdenciário 16 anos.

Aqui, alguns exemplos: as donas de casa, estudantes, síndicos de condomínio não remunerados, desempregados, presidiários não remunerados, estudantes bolsistas, etc.

Esta classificação, se vê alocada no art. 13 da Lei 8.213/1991 e também melhor compreendida pelo art. 11 do Dec. 3.048/1999.

Neste sentido, oportuna a transcrição do que consignou a lei a respeito:

> "A filiação na qualidade de segurado facultativo representa ato volitivo, gerando efeito somente a partir da inscrição e do primeiro recolhimento (...)" (art. 11, § 3.º, do Dec. 3.048/1999)

Na verdade é a concretização do princípio constitucional da universalidade da cobertura e do atendimento, ou seja, parte da deliberação do sujeito de direitos em querer ou não participar do pacote de proteção.

8.3 DEPENDENTES

Como antes demonstrado e defendido, a ampla doutrina também coloca os Dependentes como subcategoria dos *beneficiários*, sendo espécie do gênero, sem descurar-se de que também são sujeitos protegidos, porém de forma peculiar, ou seja, abarcados pela tutela previdenciária indireta ou reflexa.

Dentro do normativismo hodierno, estes protegidos estão alocados nas seguintes disposições:

- Art. 16, I ao III e parágrafos da Lei 8.213/1991 (Lei de Benefícios – LB);
- Art. 16, I ao III e parágrafos do Dec. 3.048/1999 (RGPS).

Oportuno aqui, transcrever o art. 16 da Lei 8.213/1991, seus incisos e parágrafos para melhor aferir a temática:

> *"Art. 16. São beneficiários do Regime Geral de Previdência Social, na condição de dependentes do segurado:*

I - o cônjuge, a companheira, o companheiro e o filho não emancipado de qualquer condição, menor de 21 (vinte e um) anos ou inválido ou que tenha deficiência intelectual ou mental que o torne absoluta ou relativamente incapaz, assim declarado judicialmente;

II - os pais;

III - o irmão não emancipado, de qualquer condição, menor de 21 (vinte e um) anos ou inválido ou que tenha deficiência intelectual ou mental que o torne absoluta ou relativamente incapaz, assim declarado judicialmente;

§ 1.º A existência de dependente de qualquer das classes deste artigo exclui do direito às prestações os das classes seguintes.

§ 2.º O enteado e o menor tutelado equiparam-se a filho mediante declaração do segurado e desde que comprovada a dependência econômica na forma estabelecida no Regulamento.

§ 3.º Considera-se companheira ou companheiro a pessoa que, sem ser casada, mantém união estável com o segurado ou com a segurada, de acordo com o § 3.º do art. 226 da Constituição Federal.

§ 4.º A dependência econômica das pessoas indicadas no inciso I é presumida e a das demais deve ser comprovada."

Pela expressa literalidade do comando legal, se vê que a lei disciplinadora regula os *dependentes* em classes.

De fato, assim a engenharia legal neste tocante:

– *1.ª Classe: inc. I do art. 16 da Lei 8.213/1991;*
– *2.ª Classe: inc. II do art. 16 da Lei 8.213/1991;*
– *3.ª Classe: inc. III do art. 16 da Lei 8.213/1991.*

Ao que se percebe, as situações fáticas descritas em cada inciso se aglomeram em classes, decorrendo daí vários desdobramentos jurídicos, dentre eles o da preferência legal.

De fato, nesta toada, os dependentes da 1.ª classe, ou seja, do inc. I, preferem aos da 2.ª classe que preferem aos de 3.ª classe.

atenção

Assim, o dependente da 2.ª classe só terá direito a perceber o benefício do segurado se não houver dependente habilitado da 1.ª classe.

Em suma, uma classe exclui a outra.

Um outro desdobramento advindo deste texto legal produz acirradas discussões, sobretudo no âmbito judicial.

É que, além da classificação em classes; a existência da preferência legal, também este comando trata da dupla relação de dependência, que pode se dar de forma: *presumida* ou *comprovada*.

Com efeito, uma simples leitura do art. 16, § 4.º da Lei 8.213/1991 atesta esta relação dúplice, porém não concomitante.

Em linhas gerais, os dependentes da 1.ª Classe, ou seja, do inc. I do art. 16 da Lei 8.213/1991, possuem com o(a) segurado(a) instituidor uma relação de dependência econômica presumida, ou seja, decorrente do vínculo jurídico que permeia determinada relação, como, por exemplo, o casamento, a filiação, a união estável, etc.

Diferente a situação dos demais incisos, quer seja, a 2.ª e 3.ª classes, em que a dependência econômica há de ser comprovada, isto é demonstrada para que ocorra a habilitação para fins de postular benefício previdenciário.

O desenho seguinte bem explica esta diferenciação:

PRESUMIDOS X COMPROVADOS
(1ª Classe) (2ª e 3ª Classes)
↓ ↓
Vínculo Jurídico Vínculo Econômico

Conforme lição do Professor Miguel Horvath Junior (Op. cit., p.74):

> "Presumidos, são aqueles que não precisam demonstrar a dependência econômica, apenas o vínculo jurídico entre eles e o segurado."

Como já demonstrado, são as hipóteses apenas do inc. I do art. 16 da Lei 8.213/1991, como, por exemplo, cônjuge, filho, companheiro etc.

O mesmo Jurista (Op. cit., p. 83) leciona a outra faceta, quer seja, a dependência comprovada, senão vejamos:

> "São aqueles que devem comprovar que vivem às expensas do segurado, ou seja, fazer prova da dependência econômica."

Neste caso, são as hipóteses dos demais incisos e parágrafos do art. 16 da Lei 8.213/1991, como, por exemplo, enteado, pais, irmão etc.

Algumas características importantes dos *dependentes* que também merece registro e que resumem tudo o até explorado:

- *Os dependentes da 1ª classe gozam de presunção legal de dependência econômica, ao contrário das demais;*
- *Os dependentes da 1ª classe concorrem entre si, ou seja, havendo mais de um dependente a pensão é rateada em cotas iguais;*
- *Com a maioridade do dependente de 21 anos, sua cota-parte é distribuída entre os demais dependentes. Se for o único dependente o benefício é cessado;*
- *Equiparam-se a filho, mediante prova de dependência econômica, concorrendo em condições de igualdade com os demais dependentes da classe 1, o menor sob tutela e o enteado;*
- *A Ação civil pública 2000.71.00.009347-0 determina que companheiro(a) homossexual de segurado(a) terá direito a pensão por morte e auxílio-reclusão, desde que comprovada a vida em comum;*
- *Filhos de qualquer condição... (inc. I): terminologia fora de contexto, pois o art. 227, § 6.º da CF proíbe qualquer distinção entre os filhos;*

No tocante a comprovação da *dependência econômica*, a legislação regula a respeito, ou seja, traz o norte fático a ser seguido, porém sem ser exauriente.

De fato, assim o tratamento do art. 22, § 3.º do Dec. 3.048/1999:

> "§ 3.º Para comprovação do vínculo e da dependência econômica, conforme o caso, devem ser apresentados no mínimo três dos seguintes documentos:
>
> (...)
>
> II - certidão de casamento religioso;
>
> III - declaração do imposto de renda do segurado, em que conste o interessado como seu dependente;
>
> (...)
>
> VII - prova de mesmo domicílio;
>
> (...)
>
> X - conta bancária conjunta;
>
> (...)
>
> XIII - apólice de seguro da qual conste o segurado como instituidor do seguro e a pessoa interessada como sua beneficiária;
>
> (...)
>
> XVII - quaisquer outros que possam levar à convicção do fato a comprovar."

Curiosa é a nítida previsibilidade do inc. XVII acima citado, que dá evidente noção jurídica de que o rol é exemplificativo e não taxativa, como às vezes, defende a autarquia.

Por fim, como todo instituto jurídico, sobretudo os de natureza previdenciária, sempre há notórias e frequentes polêmicas a respeito, o que não é diferente acerca dos *dependentes*.

Em seguida, algumas das polêmicas, de forma sintetizada:

1.º Rol de documentos da dependência econômica é taxativo ou exemplificativo? Conforme art. 22, § 3.º, XVII, do Dec. 3.048/1999 é exemplificativo;

2.º O menor sob a guarda é dependente do segurado para fins de concessão de benefício previdenciário no RGPS?

A Lei 8.213/1991 em seu texto original incluía esta hipótese, porém a Lei 9.528/1997 excluiu. Atualmente, somente o enteado e o menor sob tutela e não mais o menor sob guarda. O que se vê é que a exclusão legal ofende de morte o art. 227, § 3.º, II, da CF e art. 33, § 3.º, do ECA, desaguando a controvérsia no Judiciário;

3.º O filho maior de 21 anos tem direito à continuar a receber o benefício previdenciário até a idade de 24 anos se estiver matriculado em curso superior?

Polêmica aparentemente superada pela Súmula 74 do TRF–4.ª Reg. e pela Súmula 37 da Turma Nacional de Uniformização dos Juizados Especiais Federais.

4.º Há possibilidade de reconhecimento da condição de dependente supervenientemente após a cessação da convivência ou da relação conjugal?

Vale aqui transcrever o entendimento sumular do Colendo STJ, que fala por si só: Súmula 336 do STJ: "A mulher que renunciou aos alimentos na separação judicial tem direito à pensão previdenciária por morte do ex-marido, comprovada a necessidade econômica superveniente";

5.º A pensão pode ser rateada entre a esposa e a concubina?

Questão altamente controvertida e muito complexa é a habilitação da concubina na pensão já deferida para a viúva. Contudo está havendo uma recepção jurisprudencial a respeito, como se vê do seguinte julgado:

> "7.ª Turma Especializada reconhece união estável de homem com esposa e concubina. A União deverá dividir a pensão por morte de um ex-policial militar do antigo Distrito Federal entre a esposa e a concubina. *O servidor mantinha, ao mesmo tempo, um relacionamento*

com as duas mulheres em casas diferentes. A 7ª Turma Especializada reconheceu a união estável do ex-policial com as duas mulheres. De acordo com a decisão, a União deverá habilitar a concubina como beneficiária da pensão por morte deixada pelo ex-policial, na qualidade de companheira, na cota-parte que lhe couber, e deverá pagar os atrasados desde a data do ajuizamento da ação, corrigidos monetariamente. O relator do caso no Tribunal é o Des. Fed. Reis Friede. *De acordo com os autos, após a morte do companheiro, a concubina ingressou com a ação na Justiça Federal para receber a pensão, sustentando que desde o início do relacionamento passou a depender economicamente do servidor.* Já a esposa apelou ao Juízo, alegando 'a ausência de prova documental sobre a união estável e do concubinato impuro'. O relator iniciou seu voto explicando que a união estável, reconhecida como entidade familiar,... 'pressupõe, tão somente, a convivência duradoura, pública e contínua entre um homem e uma mulher', explicou. *Em seguida, o magistrado ressaltou que as provas trazidas ao processo demonstram a união estável entre a concubina e o falecido*" (TRF-2.ª Reg., Ap 2001.51.01.021410-2, 5.ª Turma Especializada, j. 15.01.2013, rel. Juiz Federal convocado Vigdor Teitel, *e-DJF2R* 24.01.2013, Informativo do TRF-2.ª Reg., de 21.10.2011.)

8.4 INSCRIÇÃO/FILIAÇÃO E QUALIDADE DE SEGURADO

Ainda mitigando o estudo do *regime previdenciário*, no caso o *geral*, outros componentes merecem estudo acurado, sobretudo para aferir de maneira pormenorizada, as especificidades do instituto.

Dentre estes componentes, cite-se, a inscrição, filiação e qualidade de segurado, que, aliás, se encontram rotulados no próprio texto legal compilado.

Urge ressaltar, desde já, que fazem parte ainda do estudo subjetivo da estrutura previdenciária, quer seja, dos *beneficiários*, já que se referem a personalidade jurídica previdenciária destes sujeitos de direitos.

Em resumo, por primeiro, cabe o estudo da inscrição e filiação, conforme o seguinte esquema ilustrativo:

Filiação:	A filiação decorre automaticamente do exercício de atividade remunerada para o segurado obrigatório, estando alocada na legislação no art. 20, §§ 1.º e 2.º do Dec. 3.048/1999 (RGPS);
Inscrição:	É o ato de cadastramento (formal) perante o Regime Geral de Previdência Social, com previsibilidade no art. 17 da Lei 8.213/1991 e arts. 18, 19 e 22 do Dec. 3.048/1999 (RGPS).

Como não poderia deixar de ser a doutrina explicita estes institutos, conforme a lição dos Professores Miguel Horvath Junior (Op. cit., p. 21).e Ivan Kertzman (Op. cit., p. 55), respectivamente:

> "Filiação é a relação jurídica factual estabelecida entre o segurado e o órgão previdenciário."

> "Inscrição é o ato formal que identifica o segurado na Previdência Social, representando o mero cadastro no INSS."

Em linhas gerais, a diferenciação entre ambos se percebe facilmente do seguinte quadro:

FILIAÇÃO	X	INSCRIÇÃO
↓		↓
Mundo Fático		Mundo Formal

Por sua vez, em sempre abalizada lição, o professor Wladimir N. Martinez traz uma diferenciação esquemática que elucida a *quaestio*:

INSCRIÇÃO	**X**	**FILIAÇÃO**
Pertence ao mundo formal.		Pertence ao mundo fático.
Posterior à filiação.		Anterior à inscrição.
Pode ser julgada.		É sempre legítima.
Relação jurídica expressa.		Relação jurídica fenomênica.

Por fim, quanto aos documentos necessários para a formalização e prova da filiação, o Dec. 3.048/1999 nos seguintes artigos de maneira clara, trata a respeito:

- Art. 18, I ao V;
- Arts. 19, §§ 1.º ao 7.º, 19-A e 19-B;
- Art. 22, I ao III.

Como exemplo, para a categoria do empregado doméstico, conforme alhures discorrido, deve haver a prova do contrato de trabalho com a anotação na CTPS.

Em derradeiro, outro componente de suma importância, é a *qualidade de segurado*, bem como, sua ramificação, quer seja, o conhecido *período de graça*.

Encontramos este instituto nos seguintes dispositivos legais:

– Art. 15, I ao VI, da Lei 8.213/1991;

– Arts. 13 e 14, do Dec. 3.048/1999.

Em uma definição resumida, a pessoa mantém a sua condição de segurado(a) enquanto contribui, ou seja, enquanto estiver filiado à Previdência, ou seja, é o período em que está protegida, estando aqui a noção básica da Qualidade de Segurado.

note BEM

A legislação prevê que, em determinadas circunstâncias, mesmo havendo a interrupção das contribuições e não estando o trabalhador exercendo atividade que o vincule obrigatoriamente à Previdência, o segurado mantém o seu vínculo previdenciário e, portanto, com todos os direitos do pacote protetivo. **É o chamado *período de graça*.**

Em suma, a *qualidade de segurado* representa a *manutenção* da proteção previdenciária, ao passo que o *período de graça* reflete a *extensão* deste abrigo.

Pela dicção legal do art. 15 da Lei 8.213/1991, os incs. I a VI demonstram a *qualidade de segurado*. Já os §§ 1.º a 4.º são amostras jurídicas do *período de graça*.

Quadro Esquemático – Período de Graça

SITUAÇÃO DO SEGURADO:	**MANUTENÇÃO DA QUALIDADE DE SEGURADO:**
– Em gozo de benefício;	– Sem limite de prazo;
– Que deixar de exercer a atividade do RGPS; – Exerceu Atividade por mais de 120 meses; – Comprova estar desempregado após o emprego.	– Até 12 meses após a cessação das contribuições; – Até 24 meses após a cessação das contribuições; – mantém por mais 12 meses a condição de Segurado.
– Detido ou recluso;	– Até 12 meses após o livramento;
– Facultativo;	– Até 6 meses após a cessação das contribuições

Aqui, a previsibilidade do art. 15 da Lei 8.213/1991 e seus incisos quando trata da manutenção da proteção previdenciária.

O *período de graça*, se dá em outros aspectos, especificamente das hipóteses rotuladas nos parágrafos do comando legal.

Em regra, no caso da cessação da atividade remunerada abrangida pelo RGPS o prazo de 12 meses será prorrogado por mais 12 meses se o segurado *já tiver pago mais de 120 contribuições mensais* sem interrupção que acarrete a perda da qualidade de segurado e serão acrescidos de 12 meses para o *segurado desempregado*, desde que comprovada essa situação pelo registro no órgão próprio do Ministério do Trabalho e Emprego.

Aqui, previsões de extrema importância, já que mesmo sem estar contribuindo o segurado ou seus dependentes podem ainda ser tutelados em até três anos da sua desfiliação fática!

Campo de divergência é a prova do percebimento do seguro-desemprego, o que, aparentemente tem se pacificado através do seguinte verbete sumular (Súmula 27 da Turma Nacional de Uniformização dos Juizados Especiais Federais):

> "A ausência de registro em órgão do Ministério do Trabalho não impede a comprovação do desemprego por outros meios admitidos em direito."

Ainda sob este prisma, de realce apresentar o entendimento jurisprudencial a respeito:

> *"Previdenciário. Concessão de benefício. Pensão por morte. Manutenção da qualidade de segurado. Comprovação de desemprego.* 1 - A qualidade de segurado não se encerra automaticamente com a interrupção das contribuições, haja vista os "períodos de graça": formas de manutenção da condição de segurado, independentemente de contribuições, em cujos lapsos temporais restam conservados todos os direitos previdenciários dos segurados.; 2 - *O Superior Tribunal de Justiça (...) 'entendeu que a comprovação da situação de desemprego no Ministério do Trabalho e Previdência Social NÃO deve ser tido como o único meio de prova da condição de desempregado do segurado, especialmente considerando que, em âmbito judicial, prevalece o livre convencimento motivado do Juiz e não o sistema de tarifação legal de provas.* Portanto, o registro perante o Ministério do Trabalho e da Previdência Social poderá ser suprido, quando for comprovada tal situação, por outras provas

constantes dos autos, inclusive a testemunhal (...)" (TRF-4.ª Reg., EI 2009.70.99.002752-6/PR, 3.ª Seção, j. 06.10.2011, rel. Des. Celso Kipper, *DE* 19.10.2011)

Por fim, diz a legislação que a perda da *qualidade de segurado* acarreta a caducidade dos direitos inerentes a essa qualidade, conforme disposição expressa do art. 102 da Lei 8.213/1991.

Contudo, esta perda não prejudica o direito à aposentadoria para cuja concessão tenham sido preenchidos todos os requisitos, segundo a legislação em vigor à época em que estes requisitos foram atendidos.

8.5 PRESTAÇÕES (TEORIA GERAL)

Tendo já passado pela primeira parte estrutural do RGPS, quer seja, os *beneficiários*, cabe agora prosseguir ainda nesta mesma seara estrutural, porém a partir da sua segunda pilastra, quer seja, as *prestações*.

Desde já, um esquema elucidativo a respeito:

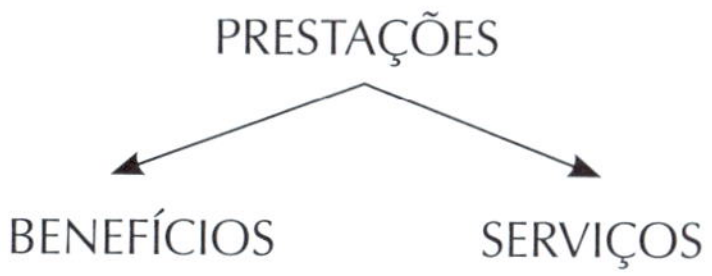

Esta temática está sedimentada no plano legislativo, nas seguintes disposições:

- Arts. 18, 42 ao 93 da Lei 8.213/1991 (Lei de Benefícios – LB);
- Arts. 25, 43 ao 120, 136 ao 141 do Dec. 3.048/1999 (RGPS).

Antes de apresentar a conceituação propriamente dita, importante registrar outra classificação que também bem define a sua extensão:

- Benefícios ⟶ cunho pecuniário
- Serviços ⟶ não pecuniário

Não obstante haver oscilações doutrinárias a respeito, registramos a divisão panorâmica das *prestações* conforme preceitua o art. 18 da Lei 8.213/1991:

Aposentadorias:

- PRESTAÇÕES
  - benefícios
    - para segurados
      - Aposentadorias:
        - idade
        - tempo
        - especial
        - invalidez
        - acidente
      - Auxílios:
        - doença
      - Salários:
        - família
        - maternidade
    - para dependentes
      - pensão por morte
      - auxílio-reclusão
  - serviços → para segurados e dependentes
    - reabilitação prof.
    - serviço social

Assim, cabe então a definição doutrinária acerca do assunto ora tratado, conforme as lições de Wagner Balera (Op. cit., p. 33), Miguel Horvath Junior (Op. cit., p.77) e Wladimir Novaes Martinez (Op. cit., p. 86.), respectivamente:

> "Benefícios são prestações pecuniárias pagas mensalmente aos beneficiários e os serviços são as prestações de fazer colocadas à disposição dos beneficiários."
>
> "As prestações compreendidas pelo Regime Geral de Previdência Social são expressas em benefícios e serviços (art. 18 da Lei 8.213/1991). As prestações são o gênero, do qual são espécies os benefícios e serviços."
>
> "No aspecto jurídico, os benefícios e serviços são obrigações de dar e de fazer, compromissos do órgão gestor e crédito exigível do beneficiário."

Passado este norte conceitual, de relevo reiterar que aqui, ou seja, na temática *prestações*, também a Teoria do risco social, alicerçada no art. 201 da CF/1988, é plenamente encampada.

De fato, ocorrendo determinado evento desta premissa constitucional haverá dentro do pacote protetivo uma prestação específica.

No tocante ao princípio específico, destaca-se nas *prestações* o postulado da "*seletividade e distributividade na prestação de benefícios e serviços*", conforme se expressa no art. 194, parágrafo único, III, da CF/1988 .

É que, tal princípio informativo, possibilita a ponderação dos critérios de atendimento pela necessidade, ou seja, aos que necessitam.

De igual modo, pelas características das *prestações*, compreendemos melhor toda a sua dimensão jurídica:

- Direito subjetivo constitucional (direito social);
- Individualidade (exemplo: auxílio doença diferente de aposentadoria por invalidez);
- Natureza Alimentar;
- Substitutivos de renda;
- Personalíssimo;
- Irredutibilidade;
- Impenhorável e Inalienável (art. 114 da Lei 8.213/1991);
- Disponível (segundo STJ);
- Imprescritibilidade (polêmica – Súmula 85 STJ);
- Prestação continuada ou de trato sucessivo.

Curiosa é a expressão jurídica contida na Lei 8.213/1991 no seguinte dispositivo:

> "Art. 18. (...)
>
> § 2.º O aposentado pelo Regime Geral de Previdência Social – RGPS que permanecer em atividade sujeita a este Regime, ou a ele retornar, não fará jus a prestação alguma da Previdência Social em decorrência do exercício dessa atividade, exceto ao salário-família e à reabilitação profissional, quando empregado."

É que aparentemente tal previsibilidade invoca a discussão do instituto da "desaposentação", fomentando amplo debate a respeito.

Contudo, longe de adentrar nesta seara no vertente capítulo, recomendamos a análise acurada de um alicerçado acórdão a respeito, que faz a interpretação consentânea deste parágrafo, decisão esta de número 5001101-75.2010.404.7117/RS oriunda do TRF- 4.ª Reg (EI 5001101-75.2010.404.7117/RS, 3.ª Seção, j. 02.08.2012, rel. Des. João Batista Pinto Silveira, *DE* 06.08.2012).

Também, acerca da "desaposentação" sugerimos a leitura do nosso "*Desaposentação – Aspectos teóricos e práticos*" da Editora LTr, SP, 2012.

Pois bem, uma outra característica demonstra a riqueza e ao mesmo tempo a problemática das *prestações*.

Trata-se da sua análise segundo a decadência e prescrição.

Não obstante serem institutos de direito material e carregados por grandes e acirradas discussões a respeito, no âmbito previdenciário, também grandes ponderações existem e estão longe de se exaurirem.

Inicialmente, o que prevê o comando legal hodierno a respeito (Lei 8.213/1991, art. 103):

> "Art. 103. É de dez anos o prazo de decadência de todo e qualquer direito ou ação do segurado ou beneficiário para a revisão do ato de concessão de benefício, a contar do dia primeiro do mês seguinte ao do recebimento da primeira prestação ou, quando for o caso, do dia em que tomar conhecimento da decisão indeferitória definitiva no âmbito administrativo.
>
> Parágrafo único. Prescreve em cinco anos, a contar da data em que deveriam ter sido pagas, toda e qualquer ação para haver prestações vencidas ou quaisquer restituições ou diferenças devidas pela Previdência Social, salvo o direito dos menores, incapazes e ausentes, na forma do Código Civil."

Ora, por uma simples análise, se vê que o legislador, primeiramente não foi feliz em sua técnica legislativa, já que no *caput* trata da decadência e o seu parágrafo único dispõe sobre a prescrição.

Ao que se percebe, institutos tão polêmicos inseridos em apenas um artigo da lei, o que já demonstra uma inconsistência.

Lado outro, aludido comando legal mais complica do que explicita estes institutos.

É que no *caput* há a regulação da decadência de atos revisionais, isto é, quando o benefício já foi concedido.

Por sua vez, existe no parágrafo único do texto legal a regulamentação da prescrição para cobrar parcelas pretéritas, ou seja, também presumindo que ocorreu a concessão, mas não o pagamento de verbas passadas.

Entretanto, indaga-se, qual o prazo para questionar seja administrativamente ou judicialmente um pedido indeferido?

Pela expressa literalidade da lei, inexiste marco temporal sedimentado objetivamente pelo legislador.

Contudo, sustentamos a total imprescritibilidade de tal vertente, nos valendo de entendimento sumular (Súmula 85 do STJ) a respeito, senão vejamos:

> "Nas relações jurídicas de trato sucessivo em que a Fazenda Pública figure como devedora, quando não tiver sido negado o próprio direito reclamado, a prescrição atinge apenas as prestações vencidas antes do quinquênio anterior à propositura da ação."

Logo, sendo a prestação previdenciária de evidente trato sucessivo, fácil detectar que o verbete supracitado corrobora a tese da imprescritibilidade ora defendida.

importante

De outro lado, importante registrar que as prestações, conforme entendimento consolidado do Colendo STJ, são verdadeiros direitos disponíveis, ou seja, renunciáveis, quebrando sobremaneira a antiga premissa de sua irrenunciabilidade.

A propósito:

> "*Aposentadoria previdenciária. Renuncia. Tempo. Aposentadoria estatutária.* A aposentadoria previdenciária, na qualidade de direito *disponível*, pode sujeitar-se à *renúncia*, o que possibilita a contagem do respectivo tempo de serviço para fins de aposentadoria estatutária. Note-se não haver justificativa plausível que demande devolverem-se os valores já percebidos àquele título e, também, não se tratar de cumulação de benefícios, pois uma se iniciará quando finda a outra" (STJ, REsp 692.628/DF, 6.ª T., j. 17.05.2005, rel. Min. Nilson Naves, *DJ* 05.09.2005, *Informativo STJ 247*.)

Pois bem, ainda na seara das características, há previsibilidade dos descontos legais nos *benefícios previdenciários*, tal qual, se percebe do art. 115, I ao V, da Lei 8.213/1991.

Neste sentido, o comando legal demonstra especificamente o que pode ser inserido como desconto nos benefícios previdenciários, como exemplo, Imposto de Renda retido na fonte, pensão alimentícia, empréstimos (até o limite de 30%) etc.

Oportuno destacar que a legislação fala de consignação por empréstimos contraídos até o limite de 30%.

Logo, totalmente questionável a conduta de algumas financeiras e mesmo em alguns casos o próprio INSS que lança a rubrica consignatória exatamente em 30%, sem escaloná-lo em cifras menores, como autoriza a própria lei.

Por fim, Lei 8.213/1991 traz objetivamente o que pode ser acumulado em termos de benefícios.

Com efeito, é o que se extrai do art. 124 da Lei 8.213/1991, senão vejamos:

> "Art. 124. Salvo no caso de direito adquirido, não é permitido o recebimento conjunto dos seguintes benefícios da Previdência Social:
>
> I – aposentadoria e auxílio-doença;
>
> II – mais de uma aposentadoria;
>
> III – aposentadoria e abono de permanência em serviço;
>
> IV – salário-maternidade e auxílio-doença;
>
> V – mais de um auxílio-acidente;
>
> VI – mais de uma pensão deixada por cônjuge ou companheiro, ressalvado o direito de opção pela mais vantajosa.
>
> Parágrafo único. É vedado o recebimento conjunto do seguro-desemprego com qualquer benefício de prestação continuada da Previdência Social, exceto pensão por morte ou auxílio-acidente."

Comentando este dispositivo, vale registrar primeiro, que havia a possibilidade de acumular aposentadoria com auxílio-acidente, o que não é mais possibilitado, sobretudo desde 1997, em decorrência da Lei 9.528/1997.

Ainda, se vê curiosa é a vedação do inc. V do art. 124 da Lei 8.213/1991, que não obsta o percebimento de duas pensões, sendo uma do relacionamento conjugal ou marital e outra, fruto de dependência econômica com filhos, por exemplo.

8.6 PRESTAÇÕES (CARÊNCIA E VALOR DOS BENEFÍCIOS)

Tal qual o regime previdenciário possui sua estrutura própria, o mesmo ocorre com os *benefícios*.

De fato, doutrinariamente, os *benefícios* são estruturados da seguinte forma:

Estrutura:
- Qualidade de Segurado
- Carência
- Tarifação legal (requisitos objetivos)

Evidente que alguns benefícios não prescindem mais da qualidade de segurado, bem como, outros são isentos da carência, contudo, didaticamente há a necessidade de se realizar uma visão panorâmica, conforme uma teoria geral, sem nos ater a individualidades de cada benefício, que mais adiante será melhor explorado.

Acerca da qualidade de segurado, o item 8.4 bem explicitou o assunto, cabendo apenas ressaltar que este requisito também passa pela análise subjetiva dos protegidos, quer seja, os *beneficiários*, tal qual nos valemos nesta pesquisa.

No tocante aos requisitos objetivos da lei, ou seja, os tarifados legalmente sedimentados, desnecessária a sua análise mais extensiva, já que estão facilmente dispostos no comando legal, como o pressuposto etário na aposentadoria por idade, o tempo mínimo de contribuição etc.

Assim, a carência merece uma análise mais acurada, o que ora faremos.

a) Da carência:

De início a definição doutrinária, conforme lições esclarecedoras de Miguel Horvath Junior (Op. cit., p. 66), Ivan Kertzman (Op.cit., p. 21). e Hermes Arrais Alencar (Op. cit., p. 25), respectivamente, senão vejamos:

> "Carência é o pré-requisito legal para acesso às prestações previdenciárias."
>
> "Carência é o número de contribuições mensais necessárias para efetivação do direito a um benefício."
>
> "É a carência, portanto, instituto que qualifica o segurado como apto para o percebimento de benefícios previdenciários."

Como não poderia deixar de ser, são os seguintes os dispositivos da Legislação a respeito:

- Arts. 24 a 27 da Lei 8.213/1991 (Lei de Benefícios – LB)
- Arts. 26 a 30 do Dec. 3.048/1999

Nesta toada, oportuna é a transcrição da primeira parte do art. 24 da Lei 8.213/1991, que bem explica o que é este instituto:

> "Art.24. Período de carência é o número mínimo de contribuições mensais indispensáveis para que o beneficiário faça jus ao benefício (...)."

Em suma, é o período mínimo de contribuições que o segurado deve demonstrar para postular uma prestação previdenciária, além de outros requisitos conforme a natureza da prestação.

Possui as seguintes características:

- *Natureza contributiva do sistema;*
- *Manutenção do equilíbrio financeiro-atuarial;*

– *Flexível conforme a ocorrência do sinistro;*

– *Requisito de nítido caráter securitário.*

Quanto ao início da sua contagem, o art. 27, I e II, da Lei 8.213/1991 traz objetivamente o marco temporal, como por exemplo, para o segurado empregado, conta-se a partir de sua filiação.

De grande relevo demonstrar que a carência previdenciária requer pagamento em dia das contribuições, para a categoria dos facultativos, domésticos e contribuintes individuais, ou seja, recolher os atrasados pode representar tempo de contribuição, mas não carência!

Quanto aos períodos da carência, a legislação também disciplina objetivamente, cujo quadro a seguir esclarece esta objetividade:

– auxílio-doença – aposentadoria por invalidez comum – aposentadoria por idade	12 contribuições mensais
– aposentadoria por tempo de contribuição – aposentadoria especial	180 c.mensais
– Salário-maternidade (contribuintes individuais, seguradas especiais e facultativas)*	10 c.mensais

* *Para os casos de trabalho rural em economia familiar (pequena propriedade) deve comprovar 12 meses de atividade rural, sem necessidade de recolhimento.*

De outro lado, também objetivamente, a lei trata das dispensas de carência, ou, isenção.

Com efeito, são situações fáticas em que não há a necessidade de se provar este requisito para ocorrer a jubilação.

Vejamos, esta tarifação legal da dispensa, ou seja, situação que independe de carência:

> *I – pensão por morte, auxílio-reclusão, salário-família e auxílio--acidente;*
>
> *II – auxílio-doença e aposentadoria por invalidez acidentários (acidente do trabalho e acidente de qualquer natureza);*
>
> *II – nos casos do segurado, após a sua filiação, for acometido de algumas das doenças ou afecções especificadas em lista ela-*

borada pelos Ministérios da Saúde e da Previdência Social a cada três anos...;

III – segurados especiais em economia familiar (pequena propriedade);

IV – serviço social;

V – reabilitação profissional;

VI – salário-maternidade: empregada, avulsa, doméstica.

Importante aqui destacar algumas controvérsias.

De início, a hipótese do inciso II traz a outra natureza dos benefícios por incapacidade, ou seja, diferente do comum, são os acidentários.

E acidentários é gênero, dos quais são espécies o acidente do trabalho e o acidente de qualquer natureza.

Para melhor aferir o acidente do trabalho, basta realizar uma interpretação literal e sistêmica dos arts. 19 ao 23 da Lei 8.213/1991, ressaltando que além de muitos contornos previdenciários, este instituto influencia demais o Direito do Trabalho, como por exemplo, a estabilidade advinda do art. 118 da Lei 8.213/1991.

Quanto ao inciso II, há a necessidade de analisar a lista governamental fixada pela Portaria Interministerial MPAS/MS 2.998, de 23.08.2001.

Alguns exemplos desta listagem:

– *tuberculose ativa; hanseníase; alienação mental; neoplasia maligna; cegueira; paralisia irreversível e incapacitante; cardiopatia grave; doença de Parkinson; nefropatia grave; AIDS; doença e Paget avançada etc.*

Curioso que a lei fala em lista a ser renovada de três em três anos, mas a Portaria em vigência é de 2001.

Como não poderia deixar de ser, ou seja, o sistema não é fechado, permite saídas e retornos.

Havendo perda da qualidade de segurado pode ocorrer uma nova filiação.

Basta ver o que disciplina o art. 24 da LB:

> "Art. 24 (...)
>
> Parágrafo único. Havendo perda da qualidade de segurado, as contribuições anteriores a essa data só serão computadas para efeito de carência depois que o segurado contar, a partir da nova filiação à Previdência Social, com, no mínimo, 1/3 (um terço) do número de contribuições exigidas para o cumprimento da carência definida para o benefício a ser requerido."

Como exemplo: auxílio-doença, cuja carência é de 12 contribuições mensais, havendo a perda da filiação, pode ocorrer o seu retorno com o pagamento de 04 contribuições mensais, já que resultado da multiplicação de 1/3 (um terço) de 12.

Por fim, este instituto de vital relevo, pode ser sintetizado pela simples leitura global da lei, senão vejamos:

- Definição: art. 24 da Lei 8.213/1991;
- Nova filiação: art. 24, parágrafo único, da Lei 8.213/1991;
- Períodos: art. 25 da Lei 8.213/1991;
- Dispensa: art. 26 da Lei 8.213/1991;
- Início: art. 27 da Lei 8.213/1991.

b) Do valor dos benefícios:

Como ante reforçado, o valor ou a expressão econômica de cada benefício se encontra inserido não na estrutura propriamente dita de cada benefício, porém dentro das suas características.

Esta tópica de vital importância para estudo dentro das *prestações*, se vê sedimentado na seguinte arquitetura legislativa:

- Arts. 28 a 41-A da Lei 8.213/1991
- Arts. 31 a 42 do Dec. 3.048/1999

Contudo também uma outra e vital informação prescinde de acurado registro.

É que o valor dos benefícios se vê de modo facetário, ou seja, para aferir a expressão econômica, há de percorrer *etapas*.

Vejamos estas etapas:

- Valor dos Benefícios:
  - salário de contribuição – SC
  - salário de benefício – SB
  - renda mensal inicial e atual – RMI/RMA

De igual forma, o arcabouço legislativo de cada etapa:

- salário de contribuição (SC): art. 28 da Lei 8.212/1991
- salário de benefício (SB): arts. 28 e ss. da Lei 8.213/1991
- renda mensal (RMI e RMA): arts. 33 e ss. da Lei 8.213/1991

Primeiro, a definição doutrinária do Professor Ivan Kertzman (Op. cit., p. 37) acerca do SC, que, aliás, possui sedimentação jurídica própria na Lei 8.212/1991:

> "As contribuições dos trabalhadores e dos tomadores de serviços para o RGPS incidem sobre uma base denominada salário de contribuição."

Por sua vez, o conceito de Hermes Arrais Alencar (Op. cit., p. 55):

> "É a base de cálculo do tributo para os seus reflexos previdenciários."

A Lei 8.212/1991 regulamenta também estes parâmetros, conforme os sujeitos protegidos:

- *Empregado/Trabalhador Avulso* ⟶ *remuneração recebida*
- *Empregado Doméstico* ⟶ *remuneração registrada na CTPS*
- *Contribuinte Individual* ⟶ *remuneração recebida da sua atividade*
- *Facultativo* ⟶ *valor declarado*

Evidente que há a exceção do *segurado especial*, ou seja, o trabalhador rural em pequena propriedade que realiza a exploração individual ou em economia familiar para subsistência própria, sem contribuir com o sistema, contudo, devendo demonstrar a efetividade de seu trabalho.

Em suma, o SC que ora se trata, é a base da incidência da contribuição previdenciária, para os reflexos da proteção previdenciária.

Como exemplo, cite-se a tabela de alíquotas previdenciárias da cota dos empregados conforme a sua faixa salarial, ou seja, de 8, 9 e 11%.

Por fim, a LC 123/2006 instituiu uma outra forma de filiação, ou seja, visando a redução também da informalidade previdenciária criou-se a alíquota de 11%.

Logo, o pedreiro, pintor, a costureira etc., que desejem se integrar no pacote de proteção deve pagar uma contribuição fixa de 11% do salário mínimo para que possa fazer jus a todo o pacote previdenciário, com exceção da aposentadoria por tempo.

Questionável esta filiação, ou seja, adentra no sistema de forma simplificada ou menos rígida, mas este pacote não é completo, isto é, não podem se aposentar por tempo de contribuição!

Por outro lado, a fixação da alíquota, ou seja, somente em torno do mínimo legal, o que implica na formação de um público previdenciário que irá se aposentar somente com o salário mínimo, decorrendo daí diversos contornos, sobretudo negativos, dentre eles, a existência, no futuro de um contingente populacional aposentado com o mínimo.

A segunda etapa, passa pelo SB.

Ivan Kertzman (Op. cit., p. 57) lecionando a respeito:

> "É a base de cálculo dos benefícios do RGPS."

Por sua vez, a lição de Miguel Horvath Junior (Op. cit., p. 46):

> "Na realidade, não é nem salário, nem benefício; é apenas uma *etapa* da apuração do valor da renda mensal do benefício..

Como etapa intermediária, existem critérios mais específicos, senão vejamos:

- *aposentadoria por idade e na aposentadoria por tempo de contribuição*: média aritmética simples (m.a.s.) dos 80% dos maiores SC desde 07/1994 até o mês que antecede o pedido do benefício, multiplicado pelo fator previdenciário (FP);
- *aposentadoria por invalidez; aposentadoria especial; auxílio-doença e auxílio-acidente*: média aritmética simples (m.a.s) dos 80% dos maiores SC desde 07/1994 até o mês que antecede o pedido do benefício, sem a incidência do fator previdenciário (FP).

atenção

Oportuno ressaltar que na aposentadoria por idade, a incidência do *fator previdenciário* (FP) é facultativa.

Também, que para os filiados após a Lei 8.213/1991, quer seja, 07/1991, a m.a.s. é 80%, contudo como parâmetro todo o período contributivo desde a data da filiação. Por fim, a última e derradeira etapa de cálculo, quer seja, RMI (renda mensal inicial) e RMA (renda mensal atual).

Por renda mensal, a seguinte linha doutrinária, mostrada por Miguel Horvath (Op. cit., p. 71) e Ivan Kertzman (Op. cit., p. 60), respectivamente:

> "A renda mensal do benefício é o valor pecuniário final a ser pago pela previdência social."
>
> "A renda mensal do benefício é o valor que efetivamente entra no bolso do beneficiário."

Fácil, pois detectar que a RMI é o primeiro pagamento do beneficiário, ao passo que a RMA, ou seja, a renda mensal atual é a RMI reajustada periodicamente.

Entretanto, como chegar a esta RMI?

Basicamente, através de uma fórmula:

> RMI = % x SB, onde,
> - *% = porcentagem ou alíquotas determinadas pela lei;*
> - *SB = salário de benefício.*

Estas alíquotas estão alocadas no art. 39 do Dec. 3.048/1999, variando de benefício para benefício:

- Auxílio-doença: 91%;
- Aposentadoria por invalidez: 100%;
- Aposentadoria por idade: 70%;
- Aposentadoria por tempo: 100%;
- Aposentadoria especial: 100%;
- Auxílio-Acidente: 50%.

Em suma:

- R M I = SB x %
- SB = m.a.s x SC
- SC = base de cálculo do tributo

Por fim, a RMA (renda mensal atual), como antes explanado, é o valor atual da prestação, contudo, aferida após os reajustes periódicos do governo, que, conforme o art. 41 da Lei 8.213/1991, o parâmetro é o INPC.

8.7 PRESTAÇÕES (BENEFÍCIOS E SERVIÇOS)

Iniciemos, pois, o estudo pormenorizado, porém resumido das *prestações*. Como antes alinhavado, *prestações* é um conceito genérico que comporta espécies.

Assim, esta primeira classificação:

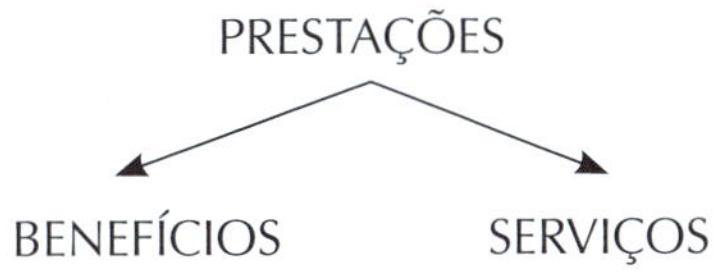

Por sua vez, o panorama legal de cada benefício e cada serviço, facilmente é colhido pela leitura simples do art. 18 da Lei 8.213/1991, senão vejamos:

- PRESTAÇÕES
  - benefícios
    - para segurados
      - Aposentadorias:
        - idade
        - tempo
        - especial
        - invalidez
      - Auxílios:
        - doença
        - acidente
      - Salários:
        - família
        - maternidade
    - para dependentes
      - pensão por morte
      - auxílio-reclusão
  - serviços → para segurados e dependentes
    - reabilitação prof.
    - serviço social

Antes deste válido estudo de forma minuciosa, de sumo relevo apontar que as prestações também são estruturadas, o que facilita a abordagem.

Logo, é a seguinte a estrutura genérica de cada benefício:

Estrutura dos Benefícios:
- qualidade de segurado
- carência
- requisitos objetivos ou tarifados da lei

8.7.1 Aposentadoria por invalidez

A aposentadoria por invalidez é concedida ao segurado que, estando ou não em gozo de auxílio-doença, for considerado incapaz para o trabalho e insuscetível de reabilitação para o exercício de atividade que lhe garanta a subsistência, e ser-lhe-á paga enquanto permanecer nessa condição (Lei 8.213/1991, arts. 42 a 47, e Dec. 3.048/1999, arts. 43 a 50).

A concessão de aposentadoria por invalidez dependerá da verificação da condição de incapacidade, mediante exame médico-pericial a cargo da previdência social, podendo o segurado, às suas expensas, fazer-se acompanhar de médico de sua confiança.

Seus pressupostos são:

- *qualidade de segurado;*
- *carência, com exceção das situações legais de dispensa da carência;*
- *incapacidade total e definitiva para as atividades laborativas.*

8.7.2 Aposentadoria por idade

A aposentadoria por idade visa garantir a manutenção do segurado e de sua família quando a idade avançada não permita a continuidade laborativa.

Anteriormente era chamada de aposentadoria por velhice, mas assumiu a denominação de aposentadoria por idade após a Lei 8.213/1991, tentando eliminar o preconceito diante dos idosos (EREsp 175.265/SP, 3.ª Seção, j. 23.08.2000, rel. Min. Francisco Gonçalves, *DJ* 18.09.2000, p.91).

A aposentadoria por idade é concedida aos 65 anos de idade, se homem, e 60 anos de idade, se mulher, reduzido em 5 (cinco) anos o limite para os trabalhadores rurais de ambos os sexos.

Em regra, seus requisitos são:

- carência;
- requisito objetivo ou tarifário, no caso o etário, quer seja, 60 anos de idade para mulher e 65 para homens.

Importante registrar que a qualidade de segurado para este benefício deixou de existir desde a Lei 10.666, de 08.05.2003.

8.7.3 Aposentadoria por tempo de contribuição

Trata-se de beneficio devido aos segurados que possuírem 30 anos de contribuição, se mulher, e 35 anos de contribuição, se homem.

É o beneficio mais polêmico da legislação previdenciária, e também o mais desejado pelos brasileiros, existindo apenas no Brasil e em mais três países do leste oriente médio.

Antes, chamada como aposentadoria por tempo de serviço, conceito este extinto em virtude da EC 20/1998.

Existe a modalidade de proporcional e integral, ressaltando que a EC 20/1998 trouxe outros requisitos cumulativos para a aposentadoria proporcional a partir da existência desta emenda, como idade mínima e cumprimento de pedágio, para aqueles que em 16.12.1998 não atingiram o tempo mínimo para esta aposentadoria, ou seja, a da proporcionalidade dos proventos.

Como uma de suas espécies, há ainda a aposentadoria do professor que deve comprovar o magistério no ensino básico e médio, durante 30 anos, se homem e 25 anos, se mulher.

Temos ainda a aposentadoria por tempo híbrida ou mista, isto é, aquela que engloba tempo comum e tempo de atividade especial.

Além de tudo isso, existe incidência do fator previdenciário, e pode haver futuramente uma diminuição do valor da aposentadoria.

Existe atualmente muita crítica dos estudiosos em relação a este benefício, e muitos acreditam que ela caminha para o fim.

Seus pressupostos são:

- carência;
- requisitos objetivos ou tarifados, no caso o tempo de contribuição, variando entre homem e mulher.

8.7.4 Auxílio-doença

O auxílio-doença é o benefício não programado decorrente da incapacidade temporária do segurado para o seu trabalho habitual.

Porém, somente será devido se a incapacidade for superior a 15 (quinze) dias consecutivos, conforme arts. 59 a 63 da Lei 8.213/1991.

Não comporta incidência do fator previdenciário e possui os seguintes pressupostos:

- carência (com a ressalva das situações de isenção);
- qualidade de segurado;
- incapacidade total, porém temporária para as atividades laborativas.

8.7.5 Aposentadoria especial

É o benefício arquitetado entre os arts. 57 a 58 da Lei 8.213/1991 e que se justifica pela existência de ambiente de trabalho penoso ou mesmo insalubre capaz de ser nocivo à saúde ou a integridade física do trabalhador.

O Professor Miguel Horvath Junior (Op. cit., p. 75), bem o define, senão vejamos:

> "Benefício previdenciário, de caráter programático, concedido àqueles que tenham trabalhado durante um período mínimo de 15, 20 ou 25 anos, com exposição permanente a agentes agressivos físicos, químicos, biológicos ou associação de agentes, capazes de prejudicar a saúde e a integridade física do trabalhador."

Seus requisitos são:

- objetivos ou tarifados da lei: exposição aos agentes nocivos a saúde ou a integridade física por 15, 20 ou 25 anos;
- carência.

Por fim, ressaltar que os agentes nocivos são os *físicos, químicos e biológicos*, conforme o art. 68 e Anexo IV do Dec. 3.048/1999.

8.7.6 *Salário-família*

O salário-família é devido, mensalmente, ao segurado empregado (exceto doméstico), ao trabalhador avulso e aposentados que tenham salário de contribuição inferior ou igual a R$ 915,05 (Valor atualizado de acordo com a Portaria Interministerial MPS/MF 02, de 06.01.2012), na proporção do respectivo número de filhos ou equiparados (enteado ou tutelado) menores de 14 anos ou inválidos.

Seus requisitos:

- qualidade de segurado;
- requisitos objetivos, dentre eles, a existência de filhos e a adequação do valor.

8.7.7 *Salário-maternidade*

O salário-maternidade é devido à segurada empregada, trabalhadora avulsa, empregada doméstica, contribuinte individual, facultativa ou segurada especial, durante 120 (cento e vinte) dias, com início até 28 (vinte e oito) dias anteriores ao parto e término 91 dias depois dele, considerando, inclusive, o dia do parto.

Atualmente, até a adotante possui direito ao salário-maternidade (Lei 10.421/2002).

Os pressupostos são:

- objetivos: parto, adoção ou aborto;
- a carência é variável conforme a classificação da segurada;
- qualidade segurada.

8.7.8 *Auxílio-acidente*

É o único benefício com natureza indenizatória e visa a ressarcir o segurado, em virtude de acidente que lhe provoque a redução da capacidade laborativa.

Ainda que no futuro o segurado possa voltar a exercer atividade remunerada, o auxílio-acidente continuará a ser pago e somente será interrompido em razão de futura aposentadoria.

Seu valor corresponde a 50% do SB e não possui incidência do FP.

Seus requisitos são:

- qualidade de segurado;
- carência (com a ressalva das situações da isenção);
- redução permanente da capacidade laborativa.

8.7.9 *Pensão por morte*

É o beneficio direcionado aos dependentes do segurado visando à manutenção da família, no caso da morte do responsável pelo seu sustento, disciplinado nos arts. 74 a 79 da Lei 8.213/1991.

Existem dois tipos da pensão, a originária quando decorrente da qualidade de segurado do instituidor e derivada, quando advinda do benefício previdenciário auferido em vida pelo instituidor até o seu passamento.

É o benefício típico do dependente, podendo estar ser presumida ou comprovada, conforme art. 16 da Lei 8.213/1991 e possui os seguintes pressupostos:

- qualidade de segurado do instituidor da pensão com a ressalva da Súmula 416 do STJ: "É devida a pensão por morte aos dependentes do segurado que, apesar de ter perdido essa qualidade, preencheu os requisitos legais para a obtenção de aposentadoria até a data do seu óbito".

8.7.10 Auxílio-reclusão

Assim como a pensão por morte, é o benefício destinado exclusivamente aos dependentes do segurado, no caso, o preso.

Este não recebe o auxílio-reclusão, mas sim sua família.

Seus requisitos são:

- qualidade de segurado do recluso;
- prisão definitiva em regime fechado ou semiaberto;
- ultima remuneração do recluso não superar o parâmetro objetivo de R$ 915,05 fixado pela Portaria Interministerial MPS/MF 02, de 06.01.2012 (mesma portaria do salário-família).

8.7.11 Serviço social e reabilitação profissional

São as únicas espécies de Serviços, como uma das espécies do gênero *prestações*.

Como antes defendido no introito de *prestações*, possuem natureza não pecuniária, ou seja, é uma obrigação de fazer entregue pelo ente gerenciador ao beneficiário.

Serviço social se vê alocado no art. 88 da Lei 8.213/1991 e é uma atividade auxiliar do seguro social e visa a prestar, aos beneficiários, orientação e apoio no tocante à solução dos problemas pessoais e familiares e à melhoria de sua inter-relação com a Previdência Social.

De outro lado, *reabilitação profissional*, alocada nos arts. 89 a 93 da Lei 8.213/1991 e tem como objetivo proporcionar aos segurados e dependentes incapacitados os meios indicados para a readaptação profissional e social, de modo que possam voltar a participar do mercado de trabalho, mediante convênios com as empresas.

Em regra, como requisito apenas a qualidade de segurado dos beneficiários.

8.7.12 Da tutela previdenciária do trabalhador rural

Trata-se, na verdade, de um dos temas mais controvertidos do Direito Previdenciário que produzem sensível demanda judiciária.

É que existem fatores ou barreiras de divergência na interpretação legal que conduzem a verdadeiras aberrações jurídicas que, na verdade, acabam representando barreiras de acessibilidade a própria proteção previdenciária.

Vale ressaltar que a Constituição Federal em nenhum momento faz distinção entre os trabalhadores urbanos e os campesinos.

Ora, o art. 5.º da CF é a condensação da paridade constitucional, além de que os direitos sociais insertos no art. 6.º da CF são direcionados a todos os destinatários, pouco importa a sua localização de trabalho.

Ademais, no comando constitucional do art. 7.º, *caput*, da CF claramente se observa a igualdade de direitos entre trabalhadores urbanos e rurais.

Logo, a estrutura estatal não pode agir de forma diferenciada se o Legislador assim não o fez.

Quanto a esta categoria, tanto a Lei 8.213/1991, quanto o Dec. 3.048/1999 estão repleto de dispositivos legais que bem tutelam em termos de benefícios todos os campesinos ou rurícolas.

O que acontece, habitualmente, é a exigência de provas impossíveis deste segurado, que diante as normais características de seu labor, inexiste a alternativa de apresentação.

Logo, a interpretação autárquica, sobretudo a administrativa, é um tanto quanto restritiva, simplista e rigorosa ao extremo no tocante a esta sofrida classe trabalhadora, que por muitos anos ficaram fora do pacote previdenciário, onde a atual e vigente Carta Constitucional visou corrigir.

Só para se ter uma ideia, mas no âmbito administrativo, a prova material ou documental deve ser exauriente da atividade rural, o que não ocorre em sede judicial.

Tudo se amolda a desnecessidade de contribuição por parte deste trabalhador, seja na condição de boia-fria, seja na condição de campesino em economia familiar, onde nada há a contribuir, tão somente, fazer efetiva prova da atividade rural, em período descontínuo, pelo período equivalente a carência do benefício pretendido.

Aqui o cerne de tanta problemática.

Contudo, o Judiciário tem sido a verdadeira trincheira destes abrigados, realizando a controvérsia segundo o seu papel-mor, conforme o princípio da inafastabilidade da jurisdição, elencado no art. 5.º, XXXV, da Magna Carta.

Em suma, os trabalhadores rurais possuem os mesmos direitos dos urbanos, não devendo a Administração Pública direta, ou até mesmo indireta, endurecer quanto a interpretação desta prova da atividade rural, senão vejamos:

> *"Previdenciário e processual civil. Carência de ação. Interesse de agir. 'Boia-fria'. Prévio requerimento administrativo. Desnecessidade.*

Previdenciário. Salário-maternidade. Segurada especial. Requisitos legais. Comprovação da maternidade e do labor rural. Conjunto probatório insuficiente (...) . 4. Em se tratando de trabalhador rural 'boia-fria', a exigência de início de prova material para efeito de comprovação do exercício da atividade agrícola deve ser interpretada com temperamento, podendo, inclusive, ser dispensada, em razão da informalidade com que é exercida a profissão e a dificuldade de comprovar documentalmente o exercício da atividade rural nessas condições. Precedentes do STJ" (TRF-4.ª Reg., Ap. Civ. 0005746-84.2011.404.9999/PR, 6.ª T., j. 03.08.2011, rel. Juíza Federal Eliana Paggiarin Marinho, *DE* 12.08.2011)

Por fim, algumas Súmulas a respeito:

"A certidão de casamento ou outro documento idôneo que evidencie a condição de trabalhador rural do cônjuge constitui início razoável de prova material da atividade rurícola" (Súmula 06 da Turma Nacional de Uniformização dos Juizados Especiais Federais).

"Considera-se segurada especial a mulher que, além das tarefas domésticas, exerce atividades rurais com o grupo familiar respectivo, aproveitando-se-lhe as provas materiais apresentadas em nome de seu cônjuge ou companheiro, corroboradas por meio de pesquisa, entrevista ou Justificação Administrativa" (Súmula 22 do CRPS).

8.8 CUSTEIO PREVIDENCIÁRIO

Inicialmente, a abalizada definição doutrinária dos professores Miguel Horvath Junior (Op. cit., p. 77), Wladimir Novaes Martinez (Op. cit., p. 96) e da saudosa professora Mirian Horvath (Palestra proferida no Curso de Especialização em Direito Previdenciário da EPD/SP em junho/2009):

"Custeio da Seguridade Social é a quantia necessária para pagar as prestações e os gastos da administração do sistema previdenciário."

"Modalidade de sustentação financeira do regime previdenciário. Se trata de um custeio social da técnica protetiva."

"Normas que determinam as receitas e a forma como estas serão geridas para a manutenção do sistema de seguridade social."

atenção

Em linhas gerais, o instituto do Custeio Previdenciário é a "fonte de financiamento do sistema previdenciário", ou o "conjunto de normas que estabelecem e administram as receitas previdenciárias".

Detém base, eminentemente constitucional (art. 201, *caput*, da CF/88):

> "A Previdência Social será organizada sob a forma de regime geral, de caráter contributivo e de filiação obrigatória, observados critérios que *preservem o equilíbrio financeiro e atuarial* (...)."

Também, outras várias pilastras legais:

- Art. 3.º, I, da CF/1988: princípio da solidariedade
- Arts. 194 e 195 da CF/1988
- Lei 8.212/1991 (Lei de Custeio – LC)
- Dec. 3.048/1999 (arts. 194 ao 278)

É a seguinte a sua definição legal, dentre outras (art. 194 do Dec. 3.048/1999):

> "A seguridade social é financiada por toda a sociedade, de forma direta e indireta, mediante recursos provenientes dos orçamentos da União, dos Estados, do Distrito Federal, dos Municípios e de contribuições sociais."

Precipuamente a sua finalidade é única, ou seja, a "preservação do equilíbrio financeiro e atuarial", bem como, a "sustentabilidade do sistema".

Possui o *custeio previdenciário* duas modalidades, conforme a expressa literalidade do art. 195, *caput*, da CF:

DIRETO	X	INDIRETO
↓		↓
contribuições		orçamentos

De fato, o *custeio direto*, disciplinado no art. 195 da CF/1988; art. 11 da Lei 8.212/1991 e art. 195 do Dec. 3.048/1999 são as contribuições vertidas e oriundas das seguintes fontes:

I – empregador, da empresa ou a ela equiparada;

II – trabalhador e demais segurados do RGPS;

III – receita dos concursos de prognósticos;

IV – do importador de bens e serviços do exterior.

Com efeito, esta modalidade de *custeio* se efetiva através do pagamento de contribuições sociais como condição de acesso à proteção social, sendo que as contribuições das empresas decorrem e se justificam de sua função social, sem prejuízo do *princípio constitucional da solidariedade.*

As alíquotas contributivas estão disciplinadas no Dec. 3.048/1999, como exemplo a já citada Tabela de Contribuição do segurado empregado, doméstico e avulso:

Até R$ 1.174,86:	8%
De R$ 1.174,87 a R$ 1.958,10:	9%
De R$ 1.958,11 a R$ 3.916,20:	11%

Curiosa é a fonte previdenciária advinda sobre a receita de *concursos de prognósticos*, que abriga sorteios, loterias, apostas, inclusive em reuniões hípicas, possuindo a seguinte repartição:

- *14%: prêmios;*
- *30%: prêmios líquidos;*
- *01%: fundo nacional de cultura;*
- *03%: fundo penitenciário;*
- *11%: administração da CEF;*
- *09%: comissão dos vendedores;*
- *32%: seguridade social.*

Por sua vez, o *custeio* dito *indireto* também encontra raízes constitucionais (art. 195, §§ 1.º e 2.º da CF/1988):

> "(...)
>
> § 1.º As receitas dos Estados, do Distrito Federal e dos Municípios destinadas à seguridade social constarão dos respectivos *orçamentos*, não integrando o orçamento da União.
>
> § 2.º A proposta de orçamento da seguridade social será elaborada de forma integrada pelos órgãos responsáveis pela saúde, previdência social e assistência social, tendo em vista as metas e prioridades estabelecidas na lei de diretrizes orçamentárias, assegurada a cada área a gestão de seus recursos."

Ao que se percebe, trata-se da *previsão orçamentária.*

Sabe-se que existem três tipos de orçamentos obrigatórios que devem ser aprovados por lei, o *fiscal*; de *investimento* e o da *seguridade social.*

Por fim, de realce destacar o art. 16, parágrafo único, da Lei 8.212/1991 que traz a responsabilidade residual da *União*, para os casos de insuficiência do caixa da Seguridade para manter as prestações previdenciárias.

Impossível, porque não afirmar também, frustrada é a análise do *custeio* em mensurar juridicamente as chamadas *Contribuições Sociais*.

Mas o que são? Qual a natureza? E a sua importância no Custeio?

O Professor Ivan Kertzman (Op. cit., p. 59.), leciona a respeito:

> "Chamam-se contribuições sociais previdenciárias aquelas destinadas exclusivamente ao custeio dos benefícios previdenciários. São as contribuições do empregador, do trabalhador e demais segurados."

Por muito tempo, houve uma interpretação literal e legalista em que *tributos* eram apenas impostos; taxas e contribuições de melhorias, conforme transparecia o CTN.

Pois bem, após a nova ótica constitucional e ante a consentânea interpretação que fez o Excelso STF, adveio então uma nova classificação tributária.

Com efeito, as contribuições sociais, segundo a dosagem do Tribunal Constitucional são:

TRIBUTOS
- Impostos;
- Taxas;
- Contribuições Melhorias;
- Contribuições Sociais (previdenciária);
- Empréstimos Compulsórios.

É que o STF abordou a questão de maneira bastante objetiva, fixando o entendimento de que, sob a égide da Constituição da República de 1988, as contribuições sociais têm natureza tributária, conforme o julgamento do RE 146.733/SP, Tribunal Pleno, j. 29.06.1992, rel. Min. Moreira Alves, *DJ* 06.11.1992.

Com este entendimento já firmado no solo jurídico pátrio, uma conclusão a respeito se formou:

- *As contribuições previdenciárias estão sujeitas as disposições do CTN, como, lançamento, notificação, autuação, CDA, execução fiscal, prescrição etc.*

Registre-se, que existe atualmente até uma Súmula Vinculante (Súmula Vinculante 08 do STF) a respeito.

Como antes explorado, temos dois princípios constitucionais e da Seguridade Social eminentemente de *custeio*, conforme explorado no Capítulo 6 supra, que são:

– *"Equidade na forma de participação no custeio" e a "Diversidade na base de financiamento"*.

Também, um outro princípio de índole eminentemente constitucional está alocado nesta estrutura previdenciária.

note BEM

É a chamada *"Regra da Contrapartida"*.

Assim, sua dimensão constitucional:

> "Nenhum benefício ou serviço da seguridade social poderá ser criado, majorado ou estendido sem a correspondente fonte de custeio tota." (art. 195, § 5.º, da CF/1988).

Dentro do *custeio* temos ainda a relação jurídica de benefício invertida, ou seja, aqui:

✓ Sujeito ativo: ⟶ SRFB;
✓ Sujeito passivo: ⟶ contribuinte (segurado, empresa etc.)

Acerca da titularidade ativa desta relação convém demonstrar uma síntese de sua evolução histórica.

É que por longos anos, coube exclusivamente ao INSS tanto a administração dos tratos jurídicos referente a prestações, quanto das obrigações tributárias previdenciárias.

O governo, para tentar mudar esta condição jurídica da autarquia, emitiu a MedProv 222/2004, que depois foi convertida na Lei 11.098/2005 e criou a Secretaria da Receita Previdenciária – SRP.

Devido a certos desacertos institucionais com uma deliberada confusão de atribuições, sobretudo de carreiras internas uma outra Medida Provisória foi apresentada, a MedProv 258/2005, onde ocorreu uma fusão de categorias e criou-se a SRFB.

Com efeito, tal Medida Provisória foi convertida na Lei 11.457, de 16.03.2007 que criou a Secretaria da Receita Federal do Brasil (SRFB), também conhecida como "Super-Receita", onde houve a centralização da atividade fiscal, inclusive previdenciária, por um único órgão, ficando o INSS responsável exclusivamente responsável pela gestão das prestações.

Acerca ainda dos reflexos das contribuições sociais como fator de *discrímem* para o abrigo previdenciário, alocou o Legislador infraconstitucional um importante princípio protetivo a respeito.

Trata-se do *princípio da automaticidade*, alocado no art. 35 da Lei 8.213/1991:

> "Ao segurado empregado e ao trabalhador avulso que tenham cumprido todas as condições para a concessão do benefício pleiteado mas não possam comprovar o valor dos seus salários de contribuição no período básico de cálculo, será concedido o benefício de valor mínimo (...)."

Claramente, se observa que a ausência de contribuições previdenciárias ou mesmo o seu repasse aos cofres governamentais não representa óbice algum para a entrega da tutela previdenciária ao segurado empregado e ao trabalhador avulso.

Ora, não pode a omissão patronal recair em desfavor do segurado, hipossuficiente desta relação, tanto trabalhista quanto previdenciária.

Por outro lado, quem é omisso e negligente, prevaricando na função é a própria autarquia, que ao invés de denegar prestações, deveria enviar *notitia criminis* para apuração de eventual crime de apropriação indébita previdenciária, figura penal inserida no art. 168-A do CP.

Costumeiramente, isto não ocorreu, preferindo inverter os valores e acabar por contribuir também para a impunidade quanto a estas claras evidências.

Neste sentido:

> "*Previdenciário. Revisão de benefício. Prescrição. Reclamatória trabalhista. Parcelas de natureza salarial. Efeitos financeiros. Termo inicial* (...) 2. Na apuração dos salários de contribuição informados para o Período Básico de Cálculo, devem-se adotar os valores informados pelo empregador, mormente quando efetivamente recolhidos (...) 4. *O segurado não pode ser penalizado em razão de o empregador não ter recolhido corretamente as contribuições previdenciárias, tampouco pelo fato de o INSS ter falhado na fiscalização da regularidade das exações*" (TRF-4.ª Reg., 2007.70.00.001667-3/PR, 6.ªT., j. 03.08.2011, rel. Des. Luís Alberto D Azevedo Aurvalle, *DE* 12.08.2011)

9 Regime Próprio de Previdência Social (RPPS)

Relembrando a noção introdutória de regimes previdenciários, temos que:

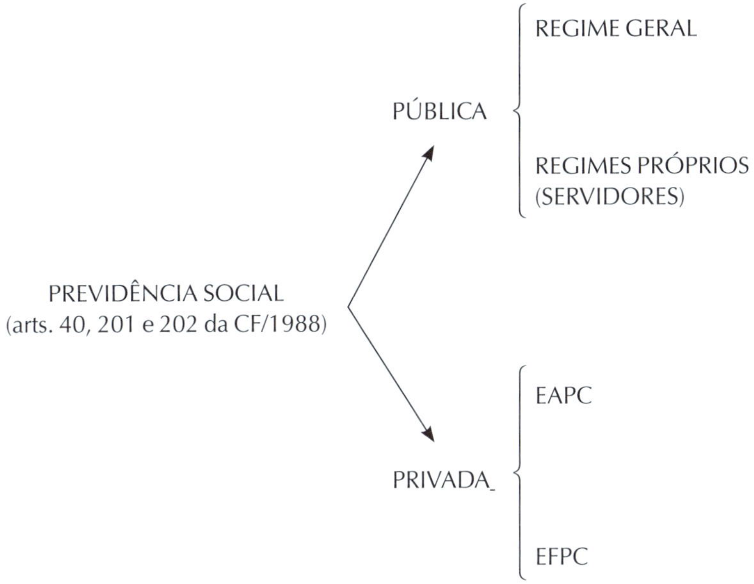

Pois bem, superado o estudo articulado do Regime Geral, em continuidade, se faz necessário a análise jurídica e sistêmica do denominado Regime Próprio de Previdência Social (RPPS) ou mesmo, para alguns, Previdência do Servidor Público.

Possui a seguinte matriz normativa de dimensão constitucional:

- art. 40, §§ 1.º ao 21, da CF/1988;
- alterações substanciais promovidas pelas EC 20/1998, 41/2003 e 47/2005.

Assim a literalidade do Legislador Constitucional (art. 40, *caput*, da CF/1988):

"Art. 40. Aos servidores titulares de cargos efetivos da União, dos Estados, do Distrito Federal e dos Municípios, incluídas suas autarquias e fundações, é assegurado regime de previdência de caráter contributivo e solidário, mediante contribuição do respectivo Ente Público, dos servidores ativos e inativos e dos pensionistas, observados critérios que preservem o equilíbrio financeiro e atuarial e o disposto neste artigo."

Curioso, porque não dizer espantoso é que no Dec. 3.048/1999 do Regime Geral, existe uma remissão a respeito do RPPS:

"Art. 6.º A previdência social compreende:

(...)

II – os regimes próprios de previdência social dos servidores públicos... ." (art. 6.º, II, do Dec. 3.048/1999).

De destaque também, outros diplomas legais que tratam do RPPS, senão vejamos:

- Lei 8.112/1990: Regime Jurídico Único (RJU);
- Lei 8.467/1993: Cargo em comissão – RGPS;
- Lei 9.717/1998: Organização dos Regimes Próprios.

O professor Hermes Arrais Alencar (op. cit., p. 88) o conceitua do seguinte modo:

"Regime diferenciado de previdência, constitucionalmente previsto no art. 40, o Regime Próprio de Servidor Público – RPSP – é aquele que uma vez instituído é de natureza obrigatória, vinculando o ingresso de todos servidores públicos das esferas federal, distrital, estadual e dos municípios."

Por sua vez o professor Miguel Horvath Junior (op. cit., p. 33):

"Regime Próprio de Previdência Social é o sistema previdenciário estabelecido no âmbito de cada ente federativo, que assegure, por lei, ao servidor de cargo efetivo pelo menos os benefícios de aposentadoria e pensão por morte."

No mesmo sentido os ensinamentos do professor Wagner Balera (op. cit., p. 47):

"Sistema Público de Previdência, individualizado, de natureza contraprestacional, destinado à pessoas certas e determinadas."

Resumidamente, o Regime Próprio de Previdência Social (RPPS) é o sistema de previdência aplicável aos servidores públicos de *cargo efetivo*, ou seja, àqueles admitidos mediante concurso público para preencher cargo criado por lei e dotado de estabilidade.

É que abrange servidores públicos determinados!

Mas quem é este Servidor Público?

De início, convém registrar que o RPPS abrange o servidor público efetivo (concursado), ao passo que no RGPS, todos os trabalhadores da iniciativa privada.

Segundo o professor Celso Antonio Bandeira de Melo, temos a este respeito que:

AGENTES PÚBLICOS
- *Políticos* (chefia dos Poderes);
- *Servidores* (Administração Direta ou Indireta);
- *Particulares* em colaboração com a Administração; (comissionados, jurados, temporário etc.).

Desta classificação, aliás, que percorre ampla doutrina, advém algumas observações:

Agente Público é o gênero;

Servidor Público é a espécie.

Interessante registrar que antes da Constituição Federal de 1988, a terminologia usual era funcionário público, como se vê do art. 327 do CP, ao passo que no período vigente, quer seja, pós Constituição Federal de 1988, o mais correto é agente público, como, por exemplo, art. 2.º da Lei 8.429/1992.

Como exemplo desta generalização do conceito *Agente Público*, temos os seguintes exemplos, onde, inexiste remuneração, porém, há o serviço público empenhado:

– *Jurado, Presidente da OAB, Conselheiro Tutelar, Mesário Eleitoral etc.*

Porém, temos outras variações, conforme o caso:

- Comissionado (Cargo de confiança) → RGPS
- Temporário (art. 37, IX, da CF/1988) → RGPS
- Eletivo → RGPS
- Emprego Público → RGPS

Em termos derradeiros, a conclusão é bem simples, ou seja, o não efetivo (não concursado) pertence ao RGPS, ao passo que somente o efetivo, isto é, aprovado mediante o certame público, pertence ao Regime Próprio, que é individualizado.

Como espécie do gênero Regimes Previdenciários, o RPPS possui as seguintes características:

- regime diferenciado/individualizado;
- público;
- solidário;
- contributivo;
- repartição simples;
- compulsório (decorre do cargo);
- risco social (eventos – *Teoria do Risco*);
- administrado pelo ente federativo instituidor.

Acerca do Custeio, no RPPS temos as seguintes regras:

a) *servidores da ativa*: no RPPS a contribuição é de 11% sobre a totalidade dos proventos, não havendo um teto para o salário de contribuição, como ocorre com o RGPS;

b) *servidores aposentados*: diferentemente do RGPS, os aposentados e pensionistas no RPPS continuam contribuindo para o sistema. A contribuição incidirá apenas sobre os valores que excederem o teto do RGPS, conforme determina o art. 40, § 18, da CF/1988, cuja alteração foi inserida pela EC 41/2003, com respaldo do STF que julgou constitucional tal exação na ADIn 3.105/DF.

Quanto a administração do RPPS, válido afirmar que:

- no RGPS quem administra é o INSS, em especial quanto ao plano de benefícios;
- No RPPS quem administra é o ente estatal federativo que o instituiu. Exemplo: União, para servidores federais.

Por fim, algumas informações basilares ainda do RPPS:

- no RGPS o custeio vem de diversas fontes, ao passo que no RPPS, a fonte é única e individualizada, ou seja, do servidor, ativo e inativo;

- no RGPS não existe idade mínima na aposentadoria por tempo de contribuição, enquanto no regime próprio há idade mínima;
- no RPPS não há incidência do Fator Previdenciário (FP), o que não se observa no RGPS;
- no RPPS a contribuição do servidor é estacionada em 11%, ao passo que no RGPS, ao empregado, por exemplo, há uma tabela de alíquotas (8, 9 e 11%);
- quanto ao valor do benefício, não há limitação a um teto, conforme o RGPS, mas sim, quanto ao subsídio do cargo, ou seja, no RPPS, o valor da aposentadoria não pode ser superior ao que o servidor auferia na ativa.

Uma outra peculiaridade norteia o RPPS, ou seja, pode o legislador local conceder benefícios em desconformidade com os deferidos no RGPS?

A resposta é totalmente negativa, ou seja, o art. 5.º da Lei 9.717/1998 proíbe a concessão, no RPPS, de benefícios não previstos no RGPS.

Evidente que certas prestações, inclusive quanto a terminologia oscilam de RPPS para RPPS.

Porém, para simplificar o vertente estudo ousamos em apresentar o pacote de prestações do RPPS do Servidor Público Federal segundo o art. 185 da Lei 8.112/1990 (Regime Jurídico dos Servidores Públicos e Civis da União, das Autarquias e das Fundações Públicas – RJU):

- aposentadorias (por tempo, por idade e por invalidez);
- auxílio-natalidade;
- salário-família;
- licença para tratamento de saúde;
- salário-maternidade ou licença-gestante;
- auxílio-acidente;
- pensão por morte;
- auxílio-funeral;
- auxílio-reclusão.

Assim, em abordagem sintética, algumas peculiaridades de cada prestação deste RPPS, que acaba sendo norte para outros RPPS:

9.1 APOSENTADORIA POR INVALIDEZ

Proventos proporcionais:

– moléstia não se relacionar ao trabalho.

Proventos integrais:

– acidente em serviço;

– moléstia profissional.

Art. 191 da Lei 8.112/1990

– garante na esfera federal valor mínimo – (1/3 do subsídio);

Cálculo:

– média das contribuições (80% das maiores).

9.2 APOSENTADORIA POR TEMPO

– 10 anos de serviço público;

– 5 (cinco) anos no cargo em que vai postular o benefício;

– *Homens*: 60 anos de idade + 35 de contribuição;

– *Mulheres*: 55 anos de idade + 30 anos de contribuição.

Cálculo:

– média das contribuições (80% das maiores).

Não tem fator previdenciário e não está sujeito a um teto remuneratório como o do RGPS.

9.3 APOSENTADORIA POR IDADE

– 10 anos de serviço público;

– 5 (cinco) anos no cargo em que vai postular o benefício;

– *Homens*: 65 anos de idade + 35 de contribuição;

– *Mulheres*: 60 anos de idade + 30 anos de contribuição.

Cálculo:

– média das contribuições (80% das maiores).

Não tem fator previdenciário e não está sujeito a um teto remuneratório como o do RGPS.

9.4 APOSENTADORIA COMPULSÓRIA

- 10 anos de serviço público;
- 5 (cinco) anos no cargo em que vai postular o benefício;
- Homens *e* Mulheres: 70 anos de idade (35 – H e 30 – M).

Cálculo:

- média das contribuições (80% das maiores).

Não tem fator previdenciário e não está sujeito a um teto remuneratório como o do RGPS.

9.5 LICENÇA PARA TRATAMENTO DE SAÚDE

- equivalente ao auxílio-doença;
- demanda parecer de uma junta médica;
- obrigatório para concessão da aposentadoria por invalidez;
- não pode ser superior a 24 meses;
- sujeito a prorrogações;
- 100% do valor dos proventos.

9.6 APOSENTADORIA ESPECIAL

- previsão constitucional: art. 40, § 4.º, III, da CF;
- regulamentação mediante Lei Complementar;
- não há lei regulamentadora;
- aplicação analógica da Lei de Benefícios do RGPS;
- mandado de injunção: 721 do STF.

9.7 PENSÃO POR MORTE

- equivalente ao valor auferido pelo servidor;
- reajustada na mesma época de reajustes dos proventos dos ativos;
- vedada a cumulação de duas pensões no mesmo regime.

Duas formas:

– *vitalícias* (exemplo: morte da viúva);

– *temporárias* (exemplo: maioridade).

9.8 PENSÃO POR MORTE (DEPENDENTES)

Modo geral:

– cônjuge(a), companheiro(a), filho, pais e irmãos.

Lei 8.112/1990:

– 21 anos.

Companheiro homossexual:

– IN INSS 25/2000 (em decorrência de decisão judicial: TRF-4.ª Reg., ACP 2000.71.00.009347-0/RS, 6.ª T., j. 27.07.2005, v.u., rel. Des. João Batista Pinto Silveira, *DJU* 07.10.2005 – *igualdade de dignidade da pessoa humana*).

Pessoa designada:

– deixou de existir no RGPS, para muitos também no RPPS (Lei 9.718/1998).

9.9 OUTROS BENEFÍCIOS

Salário-família:

– art. 7.º, XII e art. 39, § 3º da CF/1988 e Lei 8.112/90.

Salário-maternidade:

– arts. 7.º, XVIII e 39, § 3.º, da CF/1988 e Lei 8.112/1990; (*180 dias, conforme Dec. 6.690/2008*).

Auxílio-reclusão:

– não previsto de modo direto na Constituição Federal, mas há previsão na Lei 8.112/1990.

Auxílio-natalidade e *auxílio-funeral*:

– não previstos na Constituição Federal de modo direto, mas na Lei 8.112/1990.

Quanto à cumulação dentro do RPPS, terminantemente proibido o gozo de duas aposentadorias, salvo quando oriundo de regimes previdenciários diferentes, bem como, proibida a acumulação de dois proventos, salvo se ocorrer cargo eletivo, valendo aqui destacar a existência de um *teto remuneratório* dentro do RPPS, conforme art. 37, XI, da CF/1988.

Como não poderia deixar de ser e considerando as grandes controvérsias daí decorrentes, temos as regras de transição, que visam, no mínimo a preservação do direito adquirido.

De fato, dependendo do ano de ingresso no serviço público temos as seguintes regras:

- dezembro de 1998 até dezembro de 2003: EC 20/1998;
- dezembro de 2003 até julho de 2005: EC 41/2003;
- julho de 2005 até hoje: EC 47/2005.

A afirmativa dos grandes impactos destas Emendas no RPPS se justifica, por exemplo:

- *Acabou com a paridade econômica entre ativo e inativo*;
- *Instituiu no RPPS* a contribuição dos inativos na parcela que exceder o teto do RGPS, cuja inovação foi chancelada pelo STF;
- *Cria o princípio da média de vida laboral em contraponto ao princípio da integralidade*;
- Criação do Comprev (Sistema de Compensação Financeira entre Regimes).

Previdência Privada (PP ou PC)

10

Por fim, passamos a discorrer acerca do derradeiro Regime Previdenciário, quer seja, o da Previdência Privada ou para alguns, Previdência Complementar.

Neste sentido, esta polêmica é um tanto quanto desnecessária por conta da confusão advinda pela má técnica legislativa.

Como se verá, a raiz constitucional é clara quanto a terminologia, não havendo motivos para pensar de forma contrária.

Pois bem, sob o aspecto normativo, este regime está encampado nos seguintes instrumentos legais:

- Art. 202, § 1.º ao § 6.º da CF/1988;
- Leis 108/2001 e 109/2001;
- Lei 12.154/2009 – cria a Previc (Superintendência Nacional de Previdência Complementar);
- Lei 12.618/2012 (p. complementar do servidor).

De grande relevância aferir seu conceito constitucional (art. 202, *caput*, da CF/1988):

"O regime de previdência privada, de caráter complementar e organizado de forma autônoma em relação ao regime geral de previdência social, será facultativo, baseado na constituição de reservas que garantam o benefício contratado, e regulado por lei complementar".

Ora, desde já e ao que se vê, o instituto no prisma constitucional é Previdência Privada e não complementar!

Algumas válidas adjetivações jurídicas oriundas deste comando:

- *Contratualidade* (art. 421 do CC/2002);
- *Facultatividade* (o que é aceito não é imposto);
- *Caráter complementar*: assegurar status econômico, expansão do arcabouço de proteção;
- *Forma autônoma*: vigora o princípio da autonomia privada (Savigny), poder inerente à vontade livre (art. 2.° da LC 109/2001: "(...) instituir e executar planos de benefícios (...)";
- *Lei Complementar*: art. 59, II da CF/1988 (veículo normativo da explicitação da vontade popular)

Como ocorre com o RPPS, curiosamente no diploma legal do RGPS também existe previsão da PP a respeito (Lei 8.213/1991):

> "Art. 9.º. A previdência social compreende:
> (...)
> II – o Regime Facultativo Complementar de Previdência Social;".

No campo doutrinário, valiosas lições conceituais de Wladimir Novaes Martinez (Op.cit. p. 55) e Wagner Balera (Op.cit. p. 78), respectivamente:

> "Conjunto de operações econômico-financeiras empreendidas no âmbito particular da sociedade, de adesão espontânea, propiciando benefícios adicionais ou assemelhados, mediante recursos exclusivos do protegido";
>
> "As entidades de previdência privada são estruturas de expansão do arcabouço da proteção, em colaboração com o Poder Público, em busca do bem-estar social".

A PP possui sim metas ou finalidades, que são as seguintes, conforme apresentam os doutrinadores:

- Melhoria da qualidade de vida dos cidadãos;
- Proteção à sociedade;
- Desenvolvimento econômico e social;
- Manutenção do padrão de vida;
- Garantir tranquilidade social.

Historicamente, a primeira legislação específica foi a Lei 6.435, de 15.07.1977, que dispunha "sobre as entidades de previdência privada e dá outras providências".

As Constituições de 1824, 1891, 1934, 1937, 1946 e 1967, não regularam a contento o instituto, o que não ocorreu com a vigente CRFB/88, a "Carta

Cidadã" que organizou o Sistema de Seguridade Social (art. 194) e com as inovações estruturais advindas da reforma da EC 20/1998 este ramo previdenciário ganha estruturação própria, com a justificativa-base na "Longevidade".

Neste aspecto, curiosa uma projeção do IBGE (Fonte: *Revista Veja* – 24.02.2007) a respeito:

- 2005 = 9% da população tinha mais de 60 anos de idade;
- 2050 = 24,66% da população com mais de 60 anos de idade.
- apenas 36% dos segurados da Previdência Oficial têm CTPS assinada;
- 55% dos empregos ocorrem em micro e pequenas empresas;
- nos últimos 60 anos, a longevidade do brasileiro passou de 45 para 75 anos de idade.

Possui a PP as seguintes características:

- Facultativo;
- Contratual;
- Autônomo;
- Caráter privado;
- Bilateralidade;
- Onerosidade;
- De adesão;
- Solene;
- Contribuição definida;
- Mobilidade permitida (resgate, aporte);
- Gestão particular.

note BEM

Conforme expressa dicção legal, o Regime de Previdência Privada é instrumentalizada através de entidades, abertas e fechadas:

"O regime de previdência complementar é operado por entidades de previdência complementar que têm por objetivo principal instituir e executar planos de benefícios de caráter previdenciário, na forma desta Lei Complementar" (art. 2.º da LC 109/2001).

Logo, temos duas entidades a saber:

Entidade aberta de previdência complementar – (EAPC)	
Entidade fechada de previdência complementar – (EFPC)	
Sinteticamente, uma explanação da diferença entre uma e outra:	
EFPC X	EAPC
– fundação ou associação	– sociedades anônimas
– sem fins lucrativos	– com ou sem lucro
– funcionários de uma empresa/categoria	– qualquer pessoa física
– requer autorização da Previc	– autorização da Susep
– Idade de Saída (60 anos)	– qualquer idade entre 50-70
Ex.: Oabprev, Previ, Petrus	Ex.:Planos Bancários

Alguns conceitos básicos da PP, típicos de uma cartilha:

- Participante: pessoa física que contrata o plano previdenciário;
- Beneficiário: pessoa indicada para receber o benefício;
- Assistido: quem está em gozo de benefício;
- Instituidora: pessoa jurídica contratada;
- Resgate: retirada das contribuições quando sai do plano;
- Portabilidade: transferência de uma entidade para outra;
- Vesting: devolução do investido via benefício proporcional (carência de 10 anos);
- Benefícios: terminologia usual;
- Reservas técnicas: estudo atuarial (equilíbrio);
- VGBL e PGBL: planos em destaque no mercado.

Dada a notoriedade destes dois planos, quer seja, VGBL e PGBL, passaremos a esmiuçá-los mais um pouco:

- PGBL – Plano Gerador de Benefício Livre – Plano de previdência complementar criado em 1998 que permite a acumulação do recurso e a contratação de rendas para recebimento a partir de uma data escolhida pelo participante. As contribuições vertidas ao plano podem ser deduzidas da base de cálculo do Imposto de Renda, limitado até 12% da renda bruta anual do participante.

- VGBL – Vida Gerador de Benefício Livre – Plano de previdência na modalidade de Seguro de vida com cobertura por sobrevivência (aposentadoria) criado em 2002, que objetiva possibilitar a formação de uma poupança, a qual poderá ser revertida na forma de renda mensal ou pagamento único a partir de uma data escolhida pelo participante. A tributação do Imposto de Renda dar-se-á no momento do recebimento dos benefícios ou por ocasião de resgates de recursos efetuados, havendo incidência apenas sobre os rendimentos auferidos, de acordo com o regime tributário escolhido – progressivo ou regressivo.

Uma outra classificação também merece registro:

- Plano de benefício definido (BD): o valor do benefício é conhecido de maneira prévia;
- Plano de contribuição definida (CI): somente a contribuição é conhecida previamente, mas o valor do benefício, somente na época da concessão;
- Misto ou contribuição variável: combinação dos dois modelos.

Questão atualíssima, contudo muito complexa e porque não afirmar confusa é a recém Previdência Complementar criada e instituída em desfavor do Servidor Público.

Constitucionalmente ela já estava prevista, ao que se vê do art. 40, §§ 14, 15 e 16 e art. 202, § 4.º da CF/1988, contudo, dependia de uma Lei Complementar.

E ela veio, ou seja, a Lei 12.618/2012 que criou o Funpresp (Fundação de previdência complementar do servidor público).

Algumas de suas características:

- Plano de contribuição definida;
- Limita a aposentadoria do RPPS no teto do RGPS. Se quiser se aposentar acima deste teto tem que contribuir para o Funpresp.

Oportuno também transcrever as derradeiras informações relevantes da Previdência Privada:

- Técnica de financiamento: capitalização;
- Não há incidência de tributos nas contribuições da Previdência Privada, portanto são dedutíveis no IR (art. 69 da LC 109/2001);

– Direito as informações sobre o andamento do plano de forma periódica (art. 7.º da LC 109/2001);
– Súmula 321 do STJ: aplicação do CDC nas relações entre o participante e o instituidor.

Por fim, no tocante a polêmica da competência para discussões sobre planos de Previdência Privada, ao que tudo indica, parece que o Colendo STJ apaziguou a controvérsia:

> "STJ. Agravo regimental. Conflito positivo de competência. Previdência privada. Complementação de aposentadoria. Justiça comum. Precedentes. Decisão agravada mantida. Improvimento. I. Consoante jurisprudência desta Corte e do Supremo Tribunal, é competente a Justiça Estadual para processar e julgar ação em que o pedido e a causa de pedir decorram de pacto firmado com instituição de previdência privada, tendo em vista a natureza civil da contratação, envolvendo tão-somente de maneira indireta os aspectos da relação laboral, entendimento que não foi alterado com a promulgação da EC. 45/2004. (...) Agravo Regimental improvido" (STJ, AgRg no CComp, 109.085/SP, 2.ª Seção, j. 10.03.2010, rel. Min. Sidnei Beneti, *DJ* 30.04.2010)

Destaca-se a atualíssima importância deste regime previdenciário, que como antes demonstrado é privado e não complementar, sendo essa uma característica e não o conceito propriamente dito.

É que se torna uma modalidade previdenciária que atinge índices de crescimento assustadores, que demonstram sua importância no cenário pátrio, além de se apresentar como uma alternativa jurídica válida e especial para aquele que deseja ter uma proteção previdenciária estendida.

Neste sentido:

> "(...) até 04.2012 a previdência privada teve um crescimento de 26% com referência a 2010, onde o seu crescimento anual foi de 18% (...)" [www.unificadoseguros.com.br/2012/06/previdencia-privada-e--saida-para-crescer-aposentadoria/].

Processo Previdenciário (Administrativo e Judicial) 11

11.1 INTRODUÇÃO

Falar de processo é o mesmo que expressar a instrumentalidade necessária para o alcance ou defesa do direito material objetivado, sendo um corolário republicano como garantia do Estado Democrático de Direito.

Neste sentido, importante o registro do que pensa a respeito o professor Cássio Scarpinella Bueno (*Curso sistematizado de direito processual civil*. 3. ed. São Paulo: Saraiva, 2011):

> "O processo civil representa verdadeiro microcosmos do Estado Democrático de Direito".

Assim, fácil defender que é uma verdadeira ferramenta ou utilitário para o jurisdicionado buscar a concretização de um poder estatal.

Logo, prescinde de estruturação específica para tanto, seja no âmbito administrativo ou mesmo judicial.

Em suma, processo é o caminho a percorrer para chegar ao destino traçado.

Em outras palavras, sobretudo pela doutrina processual de vanguarda, propaga-se que o processo é o conjunto de atos processuais combinados.

Destaca-se, pois, no cenário jurídico pátrio o "Princípio da Instrumentalidade", isto é, que vai nortear todo o ambiente jurídico no tocante ao acesso da Jurisdição.

De relevo, destaca-se também a diferença salutar entre Processo e Procedimento, sobretudo para o ambiente acadêmico.

Em linhas gerais, sem explorar outras discussões deste aspecto, fácil, desde já, diferenciá-los, da seguinte forma:

PROCESSO X PROCEDIMENTO

↓ ↓

instrumento; rito/marcha processual.

Resumidamente, instrumento é o caminho propriamente dito e o procedimento é a forma pela qual este caminho será percorrido, se correndo, voando, navegando etc.

Passando este momento de lições preliminares, passamos a discorrer sobre o processo previdenciário.

Assim, uma ilustração que bem introduz este específico tópico:

Dec. 3.048/1999 PROCESSO PREVIDENCIÁRIO

- – ADMINISTRATIVO
  - – Lei 9.784/1999
  - – NORMAS INTERNAS
- – JUDICIAL
  - – Código de Processo Civil

Este é o campo de pouso do Processo Previdenciário, que vai abranger tanto a esfera previdenciária quanto judicial.

Com efeito e resumidamente, oportuna ainda é a seguinte definição a respeito:

– *Processo judicial: instrumento de justiça do cidadão;*

– *Processo administrativo: garantia dos direitos dos administrados com a Administração.*

Logo, tanto um quanto outro, como espécies do gênero "processo", possuem uma única razão de existir, ou seja, tutelar os interesses materiais dos abrigados do pacote previdenciário protetivo.

Assim, os princípios do processo civil devem obrigatoriamente serem observados na seara previdenciária, dentre eles:

– *contraditório; instrução probatória; motivação das decisões; recorribilidade; lealdade e boa-fé; verdade material, legalidade, impessoabilidade, publicidade, eficiência etc.*

Em seguida, um quadro exemplificativo de diferenciação entre estes processos de âmbito previdenciário:

Processo Administrativo	Processo Judicial
Lei 9.784/1999 e Dec. 3.048/1999	Código de Processo Civil Brasileiro
Requerimento administrativo	Petição inicial
Instâncias administrativas (CRPS)	Instâncias judiciais
Meios de provas limitados	Meios de provas amplos
Poder Executivo	Poder Judiciário
Aplicação subsidiária	Aplicação exauriente
Fundamentação das decisões	Fundamentação das decisões

Decorrido esta panorama, passamos a tratar cada seara.

11.2 PROCESSO PREVIDENCIÁRIO ADMINISTRATIVO

Neste particular, temos duas relações previdenciárias a saber:

RELAÇÃO PREVIDENCIÁRIA ADMINISTRATIVA

↓ ↓

DE BENEFÍCIO DE CUSTEIO.

Na relação previdenciária de benefício, o beneficiário é o credor da prestação e a Fazenda Pública é a devedora, ao passo que na relação de custeio, ocorre o inverso, ou seja, a Fazenda é a credora da contribuição previdenciária e o beneficiário se aloca no polo passivo.

No primeiro relacionamento, os diplomas jurídicos bases são: a Lei 9.784/1999 e o Dec. 3.048/1999, ao passo que na órbita do custeio, prevalece as disposições do Código Tributário Nacional, pois, como antes explanado, a contribuição previdenciária detém nítido caráter tributário.

Registraremos agora, alguns itens do trato diário do processo administrativo previdenciário:

- *Serviço de agendamento: através do telefone 135, da homepage e diretamente nas agências, os serviços são previamente agendados, através do NIT do beneficiário;*

Importante registrar aqui, que é preservada a data do agendamento como marco inicial para o reconhecimento do benefício, ou seja, ainda que o reconhecimento do direito corra em meses posteriores, haverá uma retroação deste reconhecimento no dia do agendamento.

- *Prazo para conclusão: a Lei 9.784/1999 em seu art. 49 preceitua o prazo de 30 dias, contudo realizando uma interpretação harmoniosa do art. 41-A da Lei 8.213/1991, há um consenso geral que o prazo é de 45 dias.*

Por fim, todos os princípios do processo civil cabem nesta seara, como o contraditório, publicidade, motivação, entre vários outros, ressaltando que o próprio Código de Processo Civil é fonte subsidiária no processo administrativo previdenciário.

11.3 PROCESSO PREVIDENCIÁRIO JUDICIAL

De início, cabe informar que não existe um processo civil previdenciário autônomo, singular, específico da matéria. O que ocorre sim é a aplicação cabal e total do Código de Processo Civil nestas reações no âmbito judicial.

Por conta desta premissa, os requisitos da norma adjetiva então devem ser observados em todos os sentidos, como requisitos da ação, da petição inicial, formação do processo etc.

Por exemplo:

- Benefício negado: Ação de concessão;
- Benefício cessado: Ação de restabelecimento;
- Benefício com erro: Ação de revisão;
- Benefício suspenso: Ação de nulidade de ato administrativo ou o mandado de segurança.

Cabe então, afirmar que todas as modalidades de ações cabem no âmbito do Direito Previdenciário, sejam as ações declaratórias, constitutivas, condenatórias, executivas ou mandamentais.

Os ritos são os do próprio Código de Processo Civil a serem seguidos, ou seja, pode ser o rito ordinário ou sumário quanto à tramitação, ou mesmo especial, se o caso do manejo do Mandado de Segurança e a tutela executiva que é diferenciada contra a Fazenda Pública.

Questão intricada e altamente polêmica é acerca de necessidade ou não do protocolo administrativo como requisito para o ingresso de ação judicial.

Argumentos existem de todos os lados, considerando que é uma questão que está para ser decidida atualmente no STF, inclusive sob repercussão geral.

Sem adentrar nesta polêmica, que está sob o encargo do Tribunal Constitucional, filiamos a corrente da indispensabilidade deste requisito, por diversos motivos, dentre eles, a ausência da previsão legal de sua obrigatoriedade, além da plena vigência e incidência do Princípio Constitucional da Inafastabilidade da Jurisdição encontrado no art. 5.º, XXXV, da CF.

Plenamente cabível a Tutela Antecipada em desfavor da Fazenda Pública gestora, seja na relação de benefício ou também na relação de custeio, conforme lição do festejado Des. Mineiro Ernane Fidélis (*Novíssimos perfis do processo civil brasileiro*. Belo Horizonte: Del Rey, 1999, p. 45):

> "Não há restrição à antecipação da tutela por razão alguma, podendo ser concedida em qualquer procedimento e contra qualquer pessoa que seja, inclusive as de direito público, sendo inconstitucional qualquer lei que, porventura, venha querer diminuir-lhe a extensão".

Quanto a execução, de relevo informar que se o valor exequendo for de até 60 (sessenta) salários mínimos o pagamento se dará mediante a RPV, que é a Requisição de Pequeno Valor, que é expedida pela Secretaria Judicial e encaminhada para os órgãos competentes.

Ocorrendo o contrário, ou seja, se a cifra superar este parâmetro objetivo, o pagamento se dará por Precatório, mediante programação na previsão orçamentária, nos moldes do art. 100 e parágrafos da CF.

Aqui e aproveitando o ensejo, temos a Lei 10.259/2001 que veio a disciplinar o JEF, ou seja, Juizado Especial Federal, para causas de até 60 (sessenta) salários mínimos que deve uma tramitação mais ágil e uma execução simplificada, o que aparentemente conseguiu com a previsibilidade da RPV.

Pois bem, uma outra questão intricada é a competência das ações previdenciárias.

É que o art. 109 e incisos da CF é claro ao determinar objetivamente a Justiça Federal como a competente para dirimir a controvérsia.

Ora, mas e quando na jurisdição do beneficiário inexistir sede da Justiça Federal?

Evidente que o legislador também deu solução, ou seja, nesta situação caberá a Justiça Comum Estadual realizar a entrega da tutela jurisdicional. Trata-se da Competência Residual ou Delegada, do mesmo art. 109 da CF, mas no seu parágrafo terceiro.

Registre-se, que o manejo do Mandado de Segurança será sempre na Justiça Federal, valendo a competência residual somente para as ações de rito ordinário.

Por fim, as ações acidentárias.

Neste aspecto, a competência é única e exclusiva da Justiça Estadual, como se vê do art. 129, II da Lei 8.213/1991 e das Súmulas 15 do STJ e 501 do STF, respectivamente.

O Instituto da Desaposentação

12

O tema em comento, não obstante sua destacada atualidade no contexto previdenciário, requer uma análise mais detida da aplicabilidade do instituto dentro da sistemática da Seguridade Social e seus constitucionais propósitos afirmadores.

Não olvidaríamos em elaborar o vertente estudo, sem pontuar o tão falado instituto da Desaposentação.

Com efeito, sua atualidade é incontroversa, sobretudo pelo fato que vem alterando antigas premissas da ciência jurídica, como também coloca em xeque a própria existência do Fator Previdenciário.

Portanto, a abordagem de seu contexto é medida obrigatória.

Para esse valioso fim, valemo-nos da noção sistêmica para a compreensão axiológica e jurídica do instituto dentro do direito positivo, tal qual, em singular lição, o Prof. Wagner Balera, leciona a respeito:

> *"Chave para a compreensão do estudo das normas jurídicas, a noção de sistema é apta a situar o direito positivo a partir dos elementares critérios de vigência, validade e eficácia"* (As contribuições no Sistema Tributário brasileiro. In: Machado, Hugo de Brito (coord.). *As contribuições no Sistema Tributário Brasileiro*. São Paulo: Dialética, 2003. p. 562).

Sabido que a Carta Cidadã de 1988 veio a colacionar em seus dispositivos, vários e imprescindíveis direitos sociais magnamente tutelados, dentre eles, a Previdência Social, tal qual inserida na dimensão constitucional através do art. 6.º da CF/1988.

Neste ínterim, mister compreender qualquer instituto previdenciário dentro do conceito sistêmico e importante do direito social, tão evoluído dentro dos ordenamentos jurídicos contemporâneos quanto a sua formalidade e aposição no cenário jurídico constitucional, mas, que a todo o tempo, prescinde de adequação aos destinatários, de maneira a justificar a proteção social garantida pela *Lex Fundamentallis*.

Ao intérprete e ao operador do direito então, no manuseio dos institutos do Direito Previdenciário, possuem não só um trato jurídico simples e individual entre o sujeito de direitos e, de outro lado, o responsável pelo cumprimento de tal obrigação jurídica oriundo deste relacionamento, mas, sob a ótica mandamental, detém em mãos, verdadeiros valores a serem precipuamente observados, defendidos e protegidos em situação de preexistência ao que se depara o aplicador das normas, quando esse, deve piamente observar o que se está tutelando quando da aplicação dos métodos da hermenêutica previdenciária.

Por certo, que a esta altura, fácil já aferir que o instituto da Desaposentação também vem a se justificar neste constitucional conceito de valor social, já que o intuito previdenciário encontra na dignidade humana um de seus principais aspectos diretivos.

Em que pese a atualidade da discussão em torno deste valioso instrumento jurídico e previdenciário de proteção social, a Desaposentação já era tratada em 1996 pelo Prof. Wladimir Novaes Martinez, em um artigo intitulado "Direito à Desaposentação", no 9.º Congresso Brasileiro de Previdência Social, pela editora LTr, em São Paulo, razão de que sua atual notoriedade no seio social, deve ser compreendida à luz da necessidade preemente da própria sociedade, destinatária da tutela jurídica, em buscar mecanismos que visam a evolução e o aprimoramento dos direitos sociais insculpidos na Lei das Leis, onde o desejo da Desaposentação vem somente evidenciar que há necessidade de se tutelar efetivamente uma qualidade de vida, como fruto do valor humano.

Longe da finalidade desta pequena abordagem, é a exploração histórica do assunto, até pelo fato que a compreensão de seu significado traz à lume, o que já prevê a própria Carta Magna, sendo necessário alocar o objeto da discussão ao seu fato gerador e a sua correspondente adequação constitucional dentro da semântica dos valores sufragados pela coletividade.

A este ponto, merece imediata censura àqueles que de maneira veemente negam a possibilidade jurídica da aplicação do instituto por si só, que, sabe-se, somente ocorre via tutela judiciária, eis que, apesar de respeitosas, lúcidas e coerentes, não fazem a aplicação do instituto dentro da noção sistemática, como antes relatado pelo Percuciente Jurista Prof. Wagner Balera.

Antes, porém, de consignar os pontos nevrálgicos da aplicação do instituto em exame, mister trazer à baila, *a análise conceitual do assunto*. A este aspecto, o Prof. André Studart Leitão, define que "*A desaposentação, como a própria nomenclatura sugere, consiste no desfazimento do ato concessório da aposentadoria, por vontade do beneficiário"* (*Aposentadoria especial*. São Paulo: Quartier Latin, 2007. p. 233). Também o Prof. Fábio Zambitte Ibrahim conceitua o tema como: "*A desaposentação, portanto, como conhecida no meio previdenciário, traduz-se na possibilidade do segurado renunciar à aposentadoria com o propósito de obter benefício mais vantajoso, no Regime Geral de Previdência Social ou em Regime Próprio de Previdência Social, mediante a utilização de seu tempo de contribuição. Ela é utilizada colimando a melhoria do status financeiro do aposentado*" (*Desaposentação: o caminho para uma melhor aposentadoria*. Rio de Janeiro: Impetus, 2009. p. 36). No mesmo sentido, os conhecidos e conceituados Professores Alberto Pereira de Castro e João Batista Lazzari de igual forma, assim ministram sob o tema em estudo, "(...) *é ato de desfazimento da aposentadoria por vontade do titular, para fins de aproveitamento do tempo de filiação em contagem para nova aposentadoria, no mesmo ou em outro regime previdenciário*" (*Manual de direito previdenciário*. 4. ed. São Paulo: LTr, 2000. p. 488).

Ao que se vê, destacada doutrina coloca o assunto em exame em singular análise, já que das previsões conceituais emergem-se os fatos geradores de sua justificação jurídica. Portanto, desaposentar-se é refazer algo, ou seja, alterar uma situação jurídica existente e positivada para uma outra, de igual natureza, mas com outros desdobramentos e efeitos jurídicos futuros.

Fácil, pois, aferir que o instituto somente se justifica com a existência válida da aposentadoria como fruto do ato jurídico da aposentação. Para tanto, não é crível dissociar de tal fato jurídico a deliberação voluntária do sujeito de direito, abrangido pela proteção previdenciária, o destinatário do pacote previdenciário.

Com efeito, almeja-se a alteração temporal de um ato jurídico do presente, constituído no passado, mas com fim colimado de mudança para o futuro, isto é, com efeitos jurídicos a serem sentidos a partir da alteração perpetrada.

A este aspecto, indubitavelmente, o ato positivo da aposentação ganha contornos jurídicos da disponibilidade, inserindo-se no patrimônio jurídico do tutelado como de direito disponível, já que sua vontade, justificada pelo seu fim, ganha relevo dentro da essência da tutela previdenciária.

Qualificando o ato positivo da aposentação, que resulta na aposentadoria, como um direito disponível, o horizonte norteador da Desaposentação ganha novos ares, já que o titular de direitos, delibera, a seu exclusivo crivo exercer ou não tal prerrogativa, que, repita-se, *trata-se de direito disponível*.

Em plena percepção acerca desta notória disponibilidade da aposentadoria previdenciária, o Colendo Superior Tribunal de Justiça já há alguns anos, através de suas ínclitas duas Turmas Julgadoras da matéria, já assentou acerca deste prisma, ou seja, o Guardião da Legislação Federal, englobando a análise de todos os diplomas jurídicos previdenciários correlatos, através de vários e reiterados julgados asseverou sobre a disponibilidade jurídica da prestação previdenciária. Neste diapasão, vale conferir: STJ, REsp 692.628-DF, j. 17.05.2005, rel. eminente Min. Nilson Naves, *DJ* 05.09.2005.

Como já adiantado, a existência e viabilidade da Desaposentação no cenário jurídico do momento mostra tormentosa discussão jurídica no seio judicial, em especial de que sua aceitação que encontra forte resistência nos meandros da própria ciência jurídica, acompanhada por oscilações dos Tribunais, bem como de franco e sólido debate doutrinário a respeito.

Propositadamente, o vertente estudo não almeja o esgotamento criterioso do assunto, mas trazer a reflexão que a essência do direito social perseguido não deve tão somente ser pano de fundo de uma realidade social hipoteticamente sonhada, mas, em sentido contrário, tem de ser o alvo principal a dar segurança jurídica a coexistência da sociedade, já que a dignidade humana se insere nas pilastras da República, em que os instrumentos jurídicos existentes, em especial, os específicos pela natureza social, como o caso, ganham uma singular roupagem quando da aplicação pelos operadores do direito.

Em suma, sendo valioso o embate e a discussão especialmente para a edificação dos institutos da ciência jurídica, as opiniões contrárias a plena aplicação da Desaposentação, com ferrenhos defensores, ventilam sobre os seguintes pontos:

> *a*) falta de autorização legal e expressa; *b*) a aposentadoria é um ato jurídico perfeito e convalidado; *c*) o art. 181-B do Regulamento da Previdência Social aduz acerca da irrenunciabilidade e irreversibilidade da aposentadoria; *d*) aplicação da prescrição do art. 103 da Lei 8.213/1991; *e*) o ato de concessão é ato administrativo, portanto sujeito a normas administrativas; *f*) existência de uma relação jurídica bilateral que prescinde da anuência de ambas as partes; *g*) ofensa a segurança jurídica; *h*) inviabilização no mesmo regime de previdência; *i*) ofensa ao equilíbrio atuarial; *j*) enriquecimento ilícito etc.

Percebe-se, que a discussão acerca da aceitação do instituto encontra lúcidos e combativos argumentos, em especial a serem enfrentados pelos adeptos e defensores do tema em discussão, que, por sua vez, trilham a análise de aceitação aos seguintes aspectos:

a) no ato jurídico perfeito da aposentação prevalece a vontade do titular ante a relação de proteção previdenciária contraída com a Administração Pública; *b*) ausência de vedação constitucional ou legal, onde a sua autorização é presumida. O princípio da legalidade determina que a Administração Pública somente poderá impor restrições previstas em lei; *c*) ausência de vícios insanáveis no deferimento; *d*) manifestação da intenção do trabalhador; *e*) trata-se de direito renunciável; *f*) aplicação do princípio da norma mais benéfica; *g*) ausência de dano do patrimônio da União ou do INSS a prejudicar a massa colegiada protegida; *h*) ausência de pretensão de prejudicar terceiros; *i*) a irrenunciabilidade está prevista em norma infra-legal de legalidade duvidosa; *j*) ausência de enriquecimento ilícito pela natureza alimentar do benefício entendendo-se que este já foi "consumido"; *l*) ausência de ofensa do equilíbrio financeiro-atuarial, pois o segurado irá receber aquele benefício até o fim da vida etc.

Fácil então aferir que a possibilidade jurídica da Desaposentação ainda é tímida, se encontrando em situação de calorosas discussões, seja da coesa doutrina a respeito, seja pelos entendimentos judiciais totalmente respeitáveis.

Não bastasse a análise fria da possibilidade ou não de aplicação do instituto em estudo no ordenamento jurídico pátrio, outro norte tem tormentado sobremaneira os estudiosos do Direito. Ora, se o ato da Desaposentação é cancelar uma aposentadoria, com a consequente cessação da atual prestação, com vistas a uma nova, em melhores condições econômicas, se valendo do período computado no benefício a ser cessado, como ficam os valores até então disponibilizados e absorvidos pelo pretendente quando da fruição do benefício a ser cancelado?

Ao que se vê, a complexidade da aplicação deste instituto ganha sensível destaque em todos os momentos, seja pela análise de sua viabilidade, ou ainda, pelo impacto atuarial que deve ser observado na política de seguridade social.

Por certo, que desde os primórdios do Direito Romano, a realização dos tratos jurídicos sempre foi norteada pelo equilíbrio.

Neste ponto, o equilíbrio do tipo financeiro e atuário das contas públicas, de maneiramente veemente tem sido usado aos adeptos da corrente que propaga a devolução e restituição do que foi auferido, como, aliás, defendeu o Prof. Wladimir Novaes Martinez, no Congresso Previdenciário realizado em setembro de 2009 na cidade Campinas, Estado de São Paulo.

De outro lado, também os Tribunais Federais de maneira majoritária, quando aceitam a viabilidade do instituto da Desaposentação, determinam a devolução do monetariamente auferido, arrazoando as decisões, dentre vários argumentos, a necessidade de observância do já aludido equilíbrio também disposto no texto Constitucional, calcado pela segurança jurídica.

Por sua vez, de maneira já reiterada e pacífica, o Tribunal da Cidadania, em indubitável julgado, mais uma vez assentou acerca da viabilidade da Desaposentação no ordenamento jurídico pátrio, bem como, na desnecessidade de devolução aos cofres públicos de qualquer quantia acerca do benefício previdenciário pretérito, valendo conferir valioso precedente a respeito:

"Renúncia. Aposentadoria. Utilização. Tempo. *A Turma, por maioria, reiterou o entendimento de que o segurado pode renunciar à sua aposentadoria e reaproveitar o tempo de contribuição para fins de concessão de benefício no mesmo regime ou em outro regime previdenciário, não necessitando devolver os proventos já percebidos; pois, enquanto perdurou a aposentadoria, os pagamentos de natureza alimentar eram indiscutivelmente devidos*" (STJ, REsp 1.113.682-SC, 5.ª T., j. 23.02.2012, rel. Min. Jorge Mussi, *DJ* 26.04.2010).

Aludido posicionamento, ainda traz o revestimento alimentar da prestação previdenciária, como outro argumento, quiçá coeso, a não justificar a tentativa autárquica de se almejar a devolução do que foi auferido.

Deveras, esta análise do Sodalício Especial premia sobremaneira os defensores do instituto em todos os âmbitos, afastando de vez, a análise criteriosa e também robusta, àqueles que não reconhecem a Desaposentação no cenário jurídico pátrio.

Como antes mencionado, a reflexão almejada ao vertente e modesto estudo, é a compreensão da aplicação do instituto da Desaposentação com base na conceituação constitucional do direito social.

Ora, o operador do direito em todos os meandros da aplicação das técnicas jurídicas, especificamente ao tema em voga, há de se nortear pela proteção constitucional que advém do uso e fruição dos benefícios previdenciários.

Evidente, que a Desaposentação somente se justifica no plano factual, quando a alteração da relação jurídica previdenciária existente, se alternar para melhor, onde o sujeito protegido pela tutela previdenciária há de auferir uma melhor qualidade de vida, como fruto do exercício da nova aposentadoria em ganhos reais, quando então a adequação das finalidades constitucionais da Previdência Social como um direito social estará se concretizando.

Assim, imperioso destacar que a análise fria, restrita e alocada tão somente a obstáculos procedimentais a justificar a não convalidação do instituto da Desaposentação no cenário jurídico hodierno, há de dar guarida e lugar a uma análise mais ampla, macro e contumaz dos primados constitucionais, onde a Previdência Social é encontrada em lugar de destaque.

Enfrentar o tema arrimando tão somente no tecnicismo jurídico serve para prolongar o assunto e os entraves científicos de afirmação, complexando ainda mais os nevrálgicos pontos da abordagem. Entretanto, aferindo a Desaposentação como um método de essência da proteção previdenciária, constitucionalmente resguardado, é dar firmamento a valores eleitos pela Sociedade como primordiais a sua existência, mesmo antes de condensá-los em diplomas legais.

Portanto, a Desaposentação deve ser vista como um exercício deliberativo do trabalhador, que na condição jurídica de inativo, mas, fáticamente ativo, contribuindo novamente ao Sistema Securitário Social, almeja uma melhor prestação previdenciária, se valendo do mecanismo constitucional de base da Previdência Social como um direito social, que por sua vez, garante uma vida digna condizente com as necessidades do tutelado.

Sendo, pois, o exercício de um direito social não negado, mas que se busca aprimoramento, edificação e evolução, sobretudo a propiciar e revelar a condição constitucional de dignidade da pessoa humana, tal qual inserido como um dos fundamentos da República, nos dizeres do art. 1.º, III, da Lei Maior, a Desaposentação reflete a concretização plena da proteção previdenciária, onde uma melhor condição de vida se torna o alvo do beneficiário do sistema de protetivo, cujo ente Estatal a que está vinculado tem a obrigação e o dever de instrumentalizar com eficácia a pretensão apresentada.

Norberto Bobbio assevera que os direitos sociais considerados humanos, não bastam serem previstos, mas sim, efetivos, sendo valiosa sua lição:

> *"...uma coisa é falar dos direitos humanos, direitos sempre novos e cada vez mais extensos, e justificá-los com argumentos cada vez mais convincentes; outra coisa é garantir-lhes uma proteção efetiva..."* (*Era dos direitos*. São Paulo: Paz. Terra e Política, 1986. p.63).

De outro lado, a Corte Suprema, como derradeira instância jurisdicional, ante a atual análise que se faz no cenário jurídico vigente desse instituto, já se prepara para abordar o assunto, gerando em todo o contexto previdenciário uma especial expectativa.

Não obstante a tão esperada análise pelo Tribunal Constitucional, o fato incontroverso é que seu pronunciamento certamente afetará uma grande massa de aposentados que continuam inseridos no mercado formal de trabalho, vertendo contribuições ao Sistema, abrigados assim, por uma proteção previdenciária que a Desaposentação procura justificar e instrumentalizar.

A expectativa e as projeções da Sociedade são diversas acerca da problemática, o que acaba por traduzir a importância do assunto e sua notável característica de alto relevo jurídico.

Em setembro de 2010, o Colendo Tribunal iniciou este aguardado debate constitucional, onde, o Ministro Relator do caso concreto se posicionou francamente favorável a sua possibilidade jurídica.

Neste caso específico levado a Corte Suprema, a discussão se iniciou com uma decisão contrária à possibilidade da Desaposentação, tanto na instância primária quanto no Regional Federal. De lá, o processo subiu para o STF. Como central fundamento, a contribuinte contesta a constitucionalidade do trecho da lei que determina que "o aposentado pelo Regime Geral de Previdência Social (RGPS) que permanecer em atividade sujeita a este Regime, ou a ela retornar, não fará jus a prestação alguma da Previdência Social em decorrência do exercício dessa atividade".

Assim, neste caso concreto, o que tem como relator o Min. Marco Aurélio, em 16.09.2010, a casa maior da Justiça Brasileira iniciou o necessário debate sobre a Desaposentação, valendo conferir, em nota comentada, o conteúdo do voto favorável,

> "Desaposentação" e Benefícios Previdenciários – 1 O Tribunal iniciou julgamento de recurso extraordinário em que se questiona a constitucionalidade do art. 18, § 2.º, da Lei 8.213/1991 ("*§ 2.º O aposentado pelo Regime Geral de Previdência Social – RGPS que permanecer em atividade sujeita a este Regime, ou a ele retornar, não fará jus a prestação alguma da Previdência Social em decorrência do exercício dessa atividade, exceto ao salário-família e à reabilitação profissional, quando empregado.*"). No caso, aposentada pelo RGPS que retornou à atividade pleiteia novo cálculo de proventos, consideradas as contribuições de período referente a esse regresso. Alega que o mencionado dispositivo legal estaria em confronto com o art. 201, § 11, da CF/1988 ("*§ 11. Os ganhos habituais do empregado, a qualquer título, serão incorporados ao salário para efeito de contribuição previdenciária*

e consequente repercussão em benefícios, nos casos e na forma da lei."), haja vista que, mesmo contribuindo como segurada obrigatória na qualidade de empregada, teria direito apenas às prestações de salário-família e de reabilitação profissional. O Min. Marco Aurélio, relator, proveu o recurso. Consignou, de início, a premissa segundo a qual o trabalhador aposentado, ao voltar à atividade, seria segurado obrigatório e estaria compelido por lei a contribuir para o custeio da seguridade social. Salientou, no ponto, que o sistema constitucional em vigor viabilizaria o retorno do prestador de serviço aposentado à atividade. Em seguida, ao aduzir que a previdência social estaria organizada sob o ângulo contributivo e com filiação obrigatória (art. 201, *caput,* da CF/1988), assentou a constitucionalidade do § 3.º do art. 11 da Lei 8.213/1991, com a redação conferida pelo art. 3.º da Lei 9.032/1995 ("§ 3.º O aposentado pelo Regime Geral de Previdência Social – RGPS que estiver exercendo ou que voltar a exercer atividade abrangida por este Regime é segurado obrigatório em relação a essa atividade, ficando sujeito às contribuições de que trata a Lei 8.212, de 24.07.1991, para fins de custeio da Seguridade Social."). Assinalou que essa disposição extinguira o denominado pecúlio, o qual possibilitava a devolução das contribuições implementadas após a aposentadoria. Enfatizou que o segurado teria em patrimônio o direito à satisfação da aposentadoria tal como calculada no ato de jubilação e, ao retornar ao trabalho, voltaria a estar filiado e a contribuir sem que pudesse cogitar de restrição sob o ângulo de benefícios. Reputou, dessa forma, que não se coadunaria com o disposto no art. 201 da CF/1988 a limitação do § 2.º do art. 18 da Lei 8.213/1991 que, em última análise, implicaria desequilíbrio na equação ditada pela Constituição. Realçou que uma coisa seria concluir-se pela inexistência da dupla aposentadoria. Outra seria proclamar-se, conforme se verifica no preceito impugnado, que, mesmo havendo a contribuição – como se fosse primeiro vínculo com a previdência –, o fenômeno apenas acarretaria o direito ao salário-família e à reabilitação profissional. Reiterou que, além de o texto do examinado dispositivo ensejar restrição ao que estabelecido na Constituição, abalaria a feição sinalagmática e comutativa decorrente da contribuição obrigatória. Em arremate, afirmou que ao trabalhador que, aposentado, retorna à atividade caberia o ônus alusivo à contribuição, devendo-se a ele a contrapartida, os benefícios próprios, mais precisamente a consideração das novas contribuições para, voltando ao ócio com dignidade, calcular-se, ante o retorno e as novas contribuições e presentes os requisitos legais, o valor a que tem jus sob o ângulo da aposentadoria. Registrou, por fim, que essa conclusão não resultaria na necessidade de se declarar a inconstitucionalidade do § 2.º do art. 18 da Lei 8.213/1991, mas de lhe emprestar alcance consentâneo com a Constituição, ou seja, no sentido de afastar a duplicidade de beneficio, porém não o novo cálculo de parcela previdenciária que deva ser satisfeita" (STF, RE 381367/RS, j. 02.11.2011, *DJ* 06.12.2011 – *Informativo do STF de 09.02.2010*)

Entretanto, espera-se que o Sodalício Constitucional confira a esperada pacificação jurídica no trato desta *quaestio*, compreendendo que não há nenhuma contradição da convalidação do instituto com ditames constitucionais, aliás, totalmente harmônicos, como bem frisou o voto do eminente Ministro Relator.

O otimismo deve reinar, sobretudo pela esperança de que o Guardião Constitucional há de, mais uma vez, demonstrar o seu papel, viabilizando um instituto jurídico que nada mais almeja senão convalidar diversos preceitos constitucionais, dentre eles, a própria Previdência Social enquanto técnica protetiva.

Assim, que essa tão esperada discussão constitucional traga os esperados frutos para o bem-estar dos sujeitos protegidos do constitucional planejamento, cuja tutela jurisdicional previdenciária presta efetiva contribuição.

Portanto, a aparente complexidade da matéria em discussão, ganha contornos jurídicos claros e esclarecedores quando a aplicação do instituto da Desaposentação é aferida mediante a inserção imprescindível de valores constitucionais, já que são alvo e razão de existência da proteção previdenciária, merecendo sempre, análise acurada pelo operador do direito face aos postulados inseridos na Lei das Leis, eleitos pelos beneficiários da tutela estatal como primordiais a consecução dos princípios basilares para a constituição de uma Sociedade Livre, Justa e Solidária.

Dano Moral Previdenciário: Uma Breve Abordagem

13

O instituto do Dano Moral, amplamente estatuído na Carta Magna, com a junção de vários dispositivos infraconstitucionais, além de expressiva carga principiológica, ao longo dos anos, ao mesmo tempo em que tem sido tormentosa e intrincada questão de abordagem pelo Judiciário, sobretudo no que tange a exata quantificação, de outro lado, exprime notória e importante instrumentalização de equilíbrio, especialmente dentro do conceito de segurança jurídica, de toda necessária para alicerçar em ordem, os atores sociais e suas relações jurídicas nascidas no dia-a-dia.

Assim foi a preocupação do Constituinte Originário, que elencou a reparação civil imaterial dentro da dimensão constitucional das garantias e direitos fundamentais, conforme se vislumbra da simples leitura do art. 5.º, V e X, da CF, conjugada com o art. 1.º da CF referente ao basilar princípio da dignidade da pessoa humana.

Logo, a reparação civil, cognome da indenização, reflete singular instrumento de harmonia e equilíbrio dos relacionamentos jurídicos, sobretudo, ao fato de que traz em seu bojo importantes reflexos, como o da compensação e o pedagógico.

Nesta incontroversa função asseguradora, valioso o ensino de Carlos Alberto Bittar (*Reparação civil por danos morais*. 3. ed. São Paulo: Ed. RT, 1998, p. 15) a respeito:

"Tem-se por assente, nesse plano, que ações ou omissões lesivas rompem o equilíbrio existente no mundo fático, onerando, física, moral ou pecuniariamente, os lesados, que diante da respectiva injustiça, ficam ipso facto, investidos em poderes para defesa dos interesses violados, em níveis diversos e a luz das circunstâncias do caso concreto. É que ao Direito compete preservar a integridade moral e patrimonial das pessoas, mantendo o equilíbrio no meio social e na esfera individual de cada um dos membros da coletividade, em sua busca incessante pela felicidade pessoal."

Por certo afirmar que sua convalidação jurídica é por demais necessária, podendo afirmar que se trata de um expressivo instrumental jurídico, que visa contribuir e assegurar relações específicas em sua amplitude, reparando, compensando e persuadindo o transgressor da ordem jurídica.

Com efeito, aludido instituto jurídico ainda encontra destacável importância quando incidente nas relações previdenciárias, ganhando nesse ramo da ciência jurídica uma amplitude eminentemente protetiva.

De fato, primeiramente urge ressaltar que na seara previdenciária existe uma autêntica aproximação do administrado com a administração, ou seja, do sujeito de direitos com o prestador do direito. Neste aspecto, a relação ganha contornos especialíssimos, ante a carga alimentar e social que reveste todo o pacote previdenciário.

Importante assim afirmar que a Previdência, enquanto direito constitucional e, portanto, fundamental, se viu inserido na Lei Fundamental como parte integrante de um arcabouço sistêmico, intitulado Sistema de Seguridade Social, consolidado em seu art. 194, *caput*, da CF, que visou a dar a estruturação técnica necessária para a eficácia plena dos regulados direitos fundamentais.

Portanto, especialíssimos contornos são emergidos do instituto do Dano Moral dentro da relação previdenciária, que viu neste relacionamento concretizado o ideário social e protetivo, almejado por toda a Sociedade.

Assim, nesta estreita relação previdenciária de cunho eminentemente protetivo, a eficiência do serviço público se mostra necessária para assegurar ao administrado um acesso justo aos produtos do pacote protetivo.

O Professor e renomado Jurista Wladimir Novaes Martinez (*Dano moral no direito previdenciário*. 2. ed. São Paulo: LTr. 2009, p. 65), com singular maestria esclarece esse fértil campo de atuação:

"A teoria jurídica que envolve os diferentes aspectos do dano moral, naturalmente sediados no Direito Civil, acabou transportando-se para outras áreas, particularmente ao Direito do Trabalho em que encontrou um *habitat* florescente, e experimenta particularidades no Direito Previdenciário. As razões dizem respeito à especificidade das técnicas protetivas da seguridade social ou instituições correlatas, e a essência diferenciada da aproximação do indivíduo ao Estado, quando ele objetivo creditar-se nos meios de subsistência."

Ultrapassado então este norte conceitual, importante para alocar o instituto dentro do cenário jurídico, cabe esmiuçar as hipóteses de convalidação do instrumental.

Passando por uma análise eminentemente principiológica, verdade que o Dano Moral dito Previdenciário, acolhe variadas conceituações deontológicas, arrimando seu sustentáculo em disposições essencialmente supralegais.

Neste sentido, por tratar a relação de administrado e Administração, de segurado e seguradora, indubitável que os princípios constitucionais da moralidade, legalidade, eficiência, publicidade e impessoalidade representam todo um arcabouço diretivo de verificação obrigatória quando da provocação pelo interessado, *in casu*, o segurado da Previdência Social.

De outro lado, malgrados os esforços do ente estatal para otimizar e aperfeiçoar esta relação previdenciária na sua entrega, ocorre que, porque não dizer, de maneira habitual e frequente, certas atuações da administração têm justificado o crescente manuseio da reparação civil dentro desta conjuntura, visando a instrumentalizar e a recompor a busca do direito social almejado.

Hipóteses de atração desse Instituto Jurídico Reparatório são das mais diversas, como, por exemplo:

- suspensão de pagamentos sem o devido processo legal;
- retenção de valores sem esclarecimentos aos beneficiários;
- atraso na concessão do benefício;
- indeferimento sem justa causa;
- acusação de fraudes sem pré-análise;
- perícias médicas deficientes;
- falta de orientação ou errônea informação;
- perda de documentos ou processo;
- recusa de expedição de Certidão Negativa de Débito;
- não cumprimento de decisões hierarquicamente superiores (art. 64 do CRPS);
- não cumprimento de Súmulas e Enunciados (art. 131 da Lei 8.213/1991 – Lei de Benefícios);
- recusa de protocolo;
- erro grosseiro no cálculo da Renda Mensal Inicial – RMI;
- retenção de documentos;
- limites de senhas para atendimentos;
- tempo de espera (fila de bancos);

– má exegese das Leis;
– lentidão na revisão;
– maus-tratos ao Idoso, entre outros.

Assim, diversificado o campo de atuação desse necessário Instituto, cuja área de pouso, não é surreal, mas bem concreta e real dentro do cotidiano previdenciário.

Por sua vez, a Jurisprudência, como fonte informadora do Direito, tem se pautado de maneira decisiva para a viabilidade da reparação civil imaterial dentro da concepção previdenciária ora discorrida, abalizando a evolução da reparação civil dentro desse ramo da ciência jurídica.

Assim, um aresto que bem coaduna esta afirmativa:

"Pelo exposto, *julgo parcialmente procedente o pedido*, com resolução do mérito, nos termos do art. 269, I, do CPC. Condeno o INSS a reincluir os períodos pretendidos pelo autor na petição inicial (01.04.1968 a 23.05.1970 e 01.03.1972 a 26.12.1972) desde a data da DIB, geradas diferenças desde a revisão que os excluiu. Também condeno o réu a incluir o tempo de serviço desenvolvido pelo autor de 22.10.1962 até 31.12.1962, de 01.01.1966 até 31.12.1966 e de 01.01.1967 até 31.12.1967. Em derradeiro, condeno o INSS a pagar indenização por danos morais causados ao autor, no valor de R$ 10.000,00 (dez mil reais)" (TRF-3.ª Reg., Proc. 2007.61.17.002641-0, j. 30.05.2008).

No mesmo sentido, outros fundamentados julgados que bem discorreram acerca da incidência do Dano Moral dentro da ótica previdenciária, como por exemplo: TRF-4.ª Reg., EI 2007.72.00.009568-1/SC; TRF-4.ª Reg., ApCiv 2007.71.05.004980-9/SC e TRF-2.ª Reg., Proc. 2003.51.01.501218-8.

Mesmo nos Regimes Próprios de Previdência, a reparação civil encontra guarida jurídica.

Neste sentido, valiosa a posição a que se valeu o TRF-1.ª Reg., de maior abrangência territorial, nos autos da ApCiv 2001.41.00.003225-9/RO em que ocorreu a condenação da União a pagar danos morais no importe de cinco mil reais a uma professora, tendo em vista que a União retardou a concessão de sua aposentadoria por um período de 1 (um) um ano e 11 meses.

Assim, fácil detectar que a reparação civil imaterial, esmiuçada em outros ramos do direito, também comporta abrangência no âmbito previdenciário, destacando sua importante utilidade de assegurar, de maneira indireta, o efetivo acesso eficaz e justo da tutela social protetiva.

Logo, como ocorre com a Desaposentação, o Dano Moral Previdenciário se apresenta como modal jurídico necessário e instrumental para a proteção previdenciária, já que reprimi lesões, compensa prejuízos e educa a Administração a cada vez mais a valorizar as conquistas de um Povo.

O Poder Judiciário e as Teses Revisionais

14

Nos últimos tempos, crescente são as decisões judiciais acerca da correta valoração dos benefícios previdenciários, sobretudo quanto aos seus aspectos econômicos.

De fato, as chamadas teses revisionais, há muito assolam o Judiciário, percorrendo todas as instâncias, com reflexos de toda ordem, seja a aposentados, seja a pensionistas.

Neste sentido, valiosíssima a contribuição do Poder Judiciário como apaziguador institucional da controvérsia, reconhecendo os erros e costumeiros desacertos do INSS quanto a correta e esperada aplicação da legislação.

Além das pretéritas revisões do índice "IRSM", "buraco negro", "cotas de pensão", "revisão do teto" dentre tantas outras, recentemente, o Poder Judiciário, se pronunciou sobre a "revisão dos benefícios por incapacidade", ou, também conhecida como "revisão do art. 29 da Lei 8.213/1991" [www.jfsp.jus.br/assets/Uploads/administrativo/NUCS/decisoes/2012/120409revisaoinss.pdf].

Interessante registrar que em decisões singulares de todo o Brasil, aludidas teses revisionais sempre se firmaram, até que o Guardião Constitucional por diversas vezes se pronunciou a respeito, de forma decisiva, cogente e dimensional.

Apenas para exemplificar, as seguintes teses ganharam corpo, alma e espírito pelos Tribunais Superiores:

– "revisão do buraco negro"; "revisão do 13.º"; "revisão do índice IRSM"; "revisão do teto"; "revisão dos benefícios por incapacidade"; "revisão das cotas de pensão"; "revisão do Fator Previdenciário", dentre várias outras.

Interessante registrar que por diversas das vezes a autarquia previdenciária sempre resistiu até o último momento com sua linha defensiva, desprezando o vasto entendimento do Poder Judiciário que por diversas vezes já estava consolidado.

Não obstante a morosidade oriunda da desenfreada resistência da autarquia, sobretudo no RGPS, a verdade é que a vida dos beneficiários em diversas ocasiões foram alteradas por conta destas denominadas teses revisionais.

Contudo, a verdade é que não se pode esquecer que a tutela jurisdicional nos tratos previdenciários vem prestando destacada contribuição para o próprio aprimoramento do abrigo constitucional previdenciário.

Considerações finais

15

Como se viu em todo o trabalho ora compilado, aliás, de forma didática, o Direito Previdenciário ganha vez e voz no ambiente jurídico pátrio, já que alicerçado em premissas fundamentais que irradiam em toda a órbita jurídica.

De fato, explorou-se toda a dimensão previdenciária, tanto o direito material quanto a sua adjetivação, debatendo pontos controvertidos e altamente polêmicos, sem descurar da atualidade de tópicos que estão no trato diário de aposentados, pensionistas e de vários outros sujeitos tutelados.

Oportuno reiterar a extrema importância desta linha do saber, que traz em seu bojo a tutela de eventos previsíveis de ocorrerem, contudo sem data precisa.

Logo, havendo esta concretização e preenchidos os demais requisitos legais, o pacote previdenciário é entregue a seu destinatário.

Evidente que como ciência jurídica própria, o dinamismo também traz reparos, influências e aprimoramentos, contudo, sem subtrair dos envolvidos, seja na relação de benefícios, ou na relação de custeio, a máxima do bem-estar social.

Esta, a essência do Direito Previdenciário ora apresentado.

Referências Bibliográficas 16

Alencar, Hermes Arrais. *Benefícios previdenciários*. 4. ed. São Paulo: Leud, 2009.

Balera, Wagner. *Sistema de seguridade social*. 5. ed. São Paulo: Ed. LTr, 2009.

Bandeira de Mello, Celso Antônio. *Curso de direito administrativo*. 13. ed. São Paulo: Malheiros, 2001.

Berbel, Fabio Lopes Vilela. *Teoria geral da previdência social*. São Paulo: Quartier Latin, 2005.

Bittar, Carlos Alberto. *Reparação civil por danos morais*. 3. ed. São Paulo: Ed. RT, 1998.

Bueno, Cássio Scarpinella. *Curso sistematizado de direito processual civil*. 3. ed. São Paulo: Saraiva, 2011.

Diniz, Maria Helena. *Dicionário jurídico*. 2. ed. São Paulo: Saraiva, 2005.

Horvath, Miguel Junior. *Direito previdenciário*. 8. ed. São Paulo: Quartier Latin, 2011.

Kertzman, Ivan. *Curso prático de direito previdenciário*. 5. ed. Salvador: Jus Podivm, 2008.

Leite, Celso Barroso. *Previdência social: atualidades e tendências*. São Paulo: Ed. LTr, 1973.

Martinez, Wladimir Novaes. *Curso de direito previdenciário*. 4. ed. São Paulo: Ed. LTr, 2012.

Montoro, André Franco. *Introdução à ciência do direito*. 24. ed. São Paulo: Ed. RT, 1997.

Santos, Ernane Fidélis dos. *Novíssimos perfis do processo civil brasileiro*. Belo Horizonte: Del Rey, 1999.

Anexos

17

17.1 LEGISLAÇÃO PREVIDENCIÁRIA (PLANO CONSTITUCIONAL E INFRACONSTITUCIONAL)

DIMENSÃO CONSTITUCIONAL

Preâmbulo	Exercício de direitos sociais e individuais
Art. 1.º, III e IV	Dignidade da pessoa humana e Valor social do trabalho
Art. 3.º, I	Princípio da Solidariedade
Art. 5º, *caput*	Princípio da Igualdade
Art. 5.º, II	Princípio da Legalidade
Art. 5.º, XXXV	Princípio da Inafastabilidade da Jurisdição
Art. 5.º, XXXVI	Direito Adquirido, Ato Jurídico Perfeito e Coisa Julgada
Art. 5.º, LIV	Devido Processo Legal
Art. 5.º, LV	Contraditório e Ampla Defesa
Art. 5.º, LXXVIII	Duração razoável do processo
Art. 6.º	Direitos Sociais (previdência social)
Art. 7.º, XXIV	Aposentadoria como direito do trabalhador urbano e rural
Art. 40 e incisos	Regime Próprio de Previdência Social
Art. 193	Da Ordem Social
Art. 194	Seguridade Social
Art. 195	Custeio
Art. 201	Da Previdência Social
EC 20/1998	Alterações da Previdência Social

EC 41/2003	Alterações da Previdência Social
EC 47/2005	Alterações da Previdência Social

DIMENSÃO INFRACONSTITUCIONAL

Lei 8.212/1991	Lei de Custeio do Regime Geral de Previdência Social (LC)
Lei 8.213/1991	Lei de Benefícios do Regime Geral de Previdência Social (LB)
Lei 9.876/1999	Fator Previdenciário
Lei 10.666/2003	Extinção da qualidade de segurado
Dec. 3.048/1999	Regulamento da Previdência Social
Lei 8.112/1990	Regime Próprio de Previdência Social
LC 108/2001	Entidade Fechada de Previdência Complementar
LC 109/2001	Entidade Aberta de Previdência Complementar
Lei 12.154/2009	Superintendência Nacional de Previdência Complementar – Previc
Lei 12.618/2012	Previdência Complementar do Servidor Público

17.2 SÚMULAS PREVIDENCIÁRIAS

Súmulas do Conselho da Justiça Federal:

SÚMULA 1. A conversão dos benefícios previdenciários em URV, em março/94, obedece às disposições do art. 20, incisos I e II da Lei 8.880/94 (MP 434/94).

SÚMULA 2. Benefícios Previdenciários. Os benefícios previdenciários, em maio de 1996, deverão ser reajustados na forma da Medida Provisória 1.415, de 29 de abril de 1996, convertida na Lei 9.711, de 20 de novembro de 1998.

SÚMULA 3. Benefícios Previdenciários. Os benefícios de prestação continuada, no regime geral da Previdência Social, devem ser reajustados com base no IGP-DI nos anos de 1997, 1999, 2000 e 2001.

SÚMULA 4. Dependente Designado. Não há direito adquirido, na condição de dependente, pessoa designada, quando o falecimento do segurado deu-se após o advento da Lei 9.032/95.

SÚMULA 5. Prestação de Serviço Rural. A prestação de serviço rural por menor de 12 a 14 anos, até o advento da Lei 8.213, de 24 de julho de 1991, devidamente comprovada, pode ser reconhecida para fins previdenciários.

SÚMULA 6. Comprovação de Condição Rurícola. A certidão de casamento ou outro documento idôneo que evidencie a condição de trabalhador rural do cônjuge constitui início razoável de prova material da atividade rurícola.

SÚMULA 7. Honorários Advocatícios. Descabe incidente de uniformização versando sobre honorários advocatícios por se tratar de questão de direito processual.

SÚMULA 8. Benefícios Previdenciários. Os benefícios de prestação continuada, no regime geral da Previdência Social, não serão reajustados com base no IGP-DI nos anos de 1997, 1999, 2000 e 2001.

SÚMULA 9. Aposentadoria Especial – Equipamento de Proteção Individual. O uso de Equipamento de Proteção Individual (EPI), ainda que elimine a insalubridade, no caso de exposição a ruído, não descaracteriza o tempo de serviço especial prestado.

SÚMULA 10. Tempo de Serviço Rural. Contagem Recíproca. O tempo de serviço rural anterior à vigência da Lei 8.213/91 pode ser utilizado para fins de contagem recíproca, assim entendida aquela que soma tempo de atividade privada, rural ou urbana, ao de serviço público estatutário, desde que sejam recolhidas as respectivas contribuições previdenciárias.

SÚMULA 12. Juros moratórios. Os juros moratórios são devidos pelo gestor do FGTS e incidem a partir da citação nas ações em que se reclamam diferenças de correção monetária, tenha havido ou não levantamento do saldo, parcial ou integralmente.

SÚMULA 13. O reajuste concedido pelas Leis ns. 8.622/93 e 8.627/93 (28,86%) constituiu revisão geral dos vencimentos e, por isso, é devido também aos militares que não o receberam em sua integralidade, compensado o índice então concedido, sendo limite temporal desse reajuste o advento da MP 2.131 de 28/12/2000.

SÚMULA 14. Para a concessão de aposentadoria rural por idade, não se exige que o início de prova material, corresponda a todo o período equivalente à carência do benefício.

SÚMULA 17. Não há renúncia tácita no Juizado Especial Federal, para fins de competência.

SÚMULA 18. Provado que o aluno aprendiz de Escola Técnica Federal recebia remuneração, mesmo que indireta, à conta do orçamento da União, o respectivo tempo de serviço pode ser computado para fins de aposentadoria previdenciária.

SÚMULA 19. Para o cálculo da renda mensal inicial do benefício previdenciário, deve ser considerada, na atualização dos salários de contribuição anteriores a março de 1994, a variação integral do IRSM de fevereiro de 1994, na ordem de 39,67% (art. 21, § 1º, da Lei 8.880/94).

SÚMULA 20. A Lei 8.112, de 11 de dezembro de 1990, não modificou a situação do servidor celetista anteriormente aposentado pela Previdência Social Urbana.

SÚMULA 21. Não há direito adquirido a reajuste de benefícios previdenciários com base na variação do IPC (Índice de Preço ao Consumidor), de janeiro de 1989 (42,72%) e abril de 1990 (44,80%).

SÚMULA 22. Se a prova pericial realizada em juízo dá conta de que a incapacidade já existia na data do requerimento administrativo, esta é o termo inicial do benefício assistencial.

SÚMULA 23. As substituições de cargos ou funções de direção ou chefia ou de cargo de natureza especial ocorridas a partir da vigência da Medida Provisória 1.522, de 11.10.1996, e até o advento da Lei 9.527, de 10.12.1997, quando iguais ou inferiores a trinta dias, não geram direito à remuneração correspondente ao cargo ou função substituída.

SÚMULA 24. O tempo de serviço do segurado trabalhador rural anterior ao advento da Lei 8.213/91, sem o recolhimento de contribuições previdenciárias, pode ser considerado para a concessão de benefício previdenciário do Regime Geral de Previdência Social (RGPS), exceto para efeito de carência, conforme a regra do art. 55, § 2.º, da Lei 8.213/91.

SÚMULA 25. A revisão dos valores dos benefícios previdenciários, prevista no art. 58 do ADCT, deve ser feita com base no número de salários mínimos apurado na data da concessão, e não no mês de recolhimento da última contribuição.

SÚMULA 26. A atividade de vigilante enquadra-se como especial, equiparando-se à de guarda, elencada no item 2.5.7. do Anexo III do Decreto 53.831/64.

SÚMULA 27. A ausência de registro em órgão do Ministério do Trabalho não impede a comprovação do desemprego por outros meios admitidos em Direito.

SÚMULA 28. Encontra-se prescrita a pretensão de ressarcimento de perdas sofridas na atualização monetária da conta do Plano de Integração Social – PIS-, em virtude de expurgos ocorridos por ocasião dos Planos Econômicos Verão e Collor I.

SÚMULA 29. Para os efeitos do art. 20, § 2.º, da Lei 8.742, de 1993, incapacidade para a vida independente não é só aquela que impede as atividades mais elementares da pessoa, mas também a impossibilita de prover ao próprio sustento.

SÚMULA 30. Tratando-se de demanda previdenciária, o fato de o imóvel ser superior ao módulo rural não afasta, por si só, a qualificação de seu proprietário como segurado especial, desde que comprovada, nos autos, a sua exploração em regime de economia familiar.

SÚMULA 31. A anotação na CTPS decorrente de sentença trabalhista homologatória constitui início de prova material para fins previdenciários.

SÚMULA 32. O tempo de trabalho laborado com exposição a ruído é considerado especial, para fins de conversão em comum, nos seguintes níveis: superior a 80 decibéis, na vigência do Dec. 53.831/64 e, a contar de 5 de março de 1997, superior a 85 decibéis, por força da edição do Dec. 4.882, de 18 de novembro de 2003, quando a Administração Pública reconheceu e declarou a nocividade à saúde de tal índice de ruído.

SÚMULA 33. Quando o segurado houver preenchido os requisitos legais para concessão da aposentadoria por tempo de serviço na data do requerimento administrativo, esta data será o termo inicial da concessão do benefício.

SÚMULA 34. Para fins de comprovação do tempo de labor rural, o início de prova material deve ser contemporâneo à época dos fatos a provar.

SÚMULA 35. A Taxa Selic, composta por juros de mora e correção monetária, incide nas repetições de indébito tributário.

SÚMULA 36. Não há vedação legal à cumulação da pensão por morte de trabalhador rural com o benefício da aposentadoria por invalidez, por apresentarem pressupostos fáticos e fatos geradores distintos.

SÚMULA 37. A pensão por morte, devida ao filho até os 21 anos de idade, não se prorroga pela pendência do curso universitário.

SÚMULA 38. Aplica-se subsidiariamente a Tabela de Cálculos de Santa Catarina aos pedidos de revisão de RMI – OTN/ORTN, na atualização dos salários de contribuição.

SÚMULA 39. Nas ações contra a Fazenda Pública, que versem sobre pagamento de diferenças decorrentes de reajuste nos vencimentos de servidores públicos, ajuizadas após 24.08.2001, os juros de mora devem ser fixados em 6% (seis por cento) ao ano (art. 1º-F da Lei 9.494/97).

SÚMULA 40. Nenhuma diferença é devida a título de correção monetária dos depósitos do FGTS relativos ao mês de fevereiro de 1989.

17.3 ENUNCIADOS DO CONSELHO DE RECURSOS DA PREVIDÊNCIA SOCIAL (CRPS) (ÓRGÃO ADMINISTRATIVO RECURSAL DA PREVIDÊNCIA SOCIAL, CUJOS ENTENDIMENTOS DEVEM VINCULAR TODA A HIERARQUIA AUTÁRQUICA, DESDE A AGÊNCIA DE PREVIDÊNCIA SOCIAL – APS ATÉ OS ÓRGÃOS COLEGIADOS)

JR/CRPS – ENUNCIADO N. 4:

"Consoante inteligência do § 3.º, do art. 55, da Lei 8.213/1991, não será admitida como eficaz para comprovação de tempo de contribuição e para os fins previstos na legislação previdenciária, a ação Reclamatória Trabalhista em que a decisão não tenha sido fundamentada em início razoável de prova material contemporânea constante nos autos do processo."

JR/CRPS – ENUNCIADO N. 5:

"A Previdência Social deve conceder o melhor benefício a que o segurado fizer jus, cabendo ao servidor orientá-lo nesse sentido."

JR/CRPS – ENUNCIADO N. 6:

"O ingresso do segurado em regime próprio de previdência pelo mesmo emprego, importa a sua exclusão automática da Previdência Social para o qual não pode contribuir como facultativo."

JR/CRPS – ENUNCIADO N. 7:

"O tempo de serviço prestado no exterior a empresa não vinculada à Previdência Social brasileira não pode ser computado, salvo tratado de reciprocidade entre Brasil e Estado Estrangeiro onde o trabalho, prestado num, seja contado no outro, para os efeitos dos benefícios ali previstos."

JR/CRPS – ENUNCIADO N. 8:

"Fixada a data do início da incapacidade antes da perda da qualidade de segurado, a falta de contribuição posterior não prejudica o seu direito as prestações previdenciárias."

JR/CRPS – ENUNCIADO N. 13:

"A dependência econômica pode ser parcial, devendo, no entanto, representar um auxílio substancial, permanente e necessário, cuja falta acarretaria desequilíbrio dos meios de subsistência do dependente."

JR/CRPS – ENUNCIADO N. 18

Não se indefere benefício sob fundamento de falta de recolhimento de contribuição previdenciária quando esta obrigação for devida pelo empregador.

JR/CRPS – ENUNCIADO N. 19 – *Alterado*

"Transcorrido mais de dez anos da data da concessão do benefício, não poderá haver sua suspensão ou cancelamento na hipótese de o interessado não mais possuir a documentação que instruiu o pedido, exceto em caso de fraude ou má-fé."

JR/CRPS – ENUNCIADO N. 20

Salvo em relação ao agente agressivo ruído, não será obrigatória a apresentação de laudo técnico pericial para períodos de atividades anteriores à edição da Medida Provisória 1.523-10, de 11.10.96, facultando-se ao segurado a comprovação de efetiva exposição a agentes agressivos à sua saúde ou integridade física mencionados nos formulários SB-40 ou DSS-8030, mediante o emprego de qualquer meio de prova em direito admitido.

JR/CRPS – ENUNCIADO N. 21

O simples fornecimento de equipamento de proteção individual de trabalho pelo empregador não exclui a hipótese de exposição do trabalhador aos agentes nocivos à saúde, devendo ser considerado todo o ambiente de trabalho.

JR/CRPS – ENUNCIADO N. 22 – *Alterado*

"Considera-se segurada especial a mulher que, além das tarefas domésticas, exerce atividades rurais com o grupo familiar respectivo, aproveitando-se-lhe as provas materiais apresentadas em nome de seu cônjuge ou companheiro, corroboradas por meio de pesquisa, entrevista ou Justificação Administrativa."

JR/CRPS – ENUNCIADO N. 23

O pecúlio previsto no inciso II do art. 81 da Lei 8.213/1991, em sua redação original que não foi pago em vida ao segurado aposentado que retornou à atividade quando dela se afastou, é devido aos seus dependentes ou sucessores, relativamente às contribuições vertidas até 14/04/94, salvo se prescrito.

JR/CRPS – ENUNCIADO N. 24 – *Revogado*

"A mera progressão da pena do instituidor do benefício ao regime semiaberto não ilide o direito dos seus dependentes ao auxílio reclusão, salvo se for comprovado exercer ele atividade remunerada que lhes garanta a subsistência."

JR/CRPS – ENUNCIADO N. 25

A notificação do sujeito passivo após o prazo de validade do Mandado de Procedimento Fiscal – MPF – não acarreta nulidade do lançamento.

JR/CRPS – ENUNCIADO N. 26 – *DOU* 31.08.2006

A concessão da pensão por morte ao cônjuge ou companheiro do sexo masculino, no período compreendido entre a promulgação da Constituição Federal de 1988 e o advento da Lei 8.213 de 1991, rege-se pelas normas do Dec. 83.080, de 24 de janeiro de 1979, seguido pela Consolidação das Leis da Previdência Social (CLPS) expedida pelo Dec. 89.312, de 23 de janeiro de 1984, que continuaram a viger até o advento da Lei 8.213/91, aplicando-se tanto ao trabalhador do regime previdenciário rural quanto ao segurado do regime urbano.

JR/CRPS – ENUNCIADO N. 27 – *DOU* 25.10.2006

Cabe ao contribuinte individual comprovar a interrupção ou o encerramento da atividade pela qual vinha contribuindo, sob pena de ser considerado em débito no período sem contribuição. A concessão de benefícios previdenciários, requeridos pelo contribuinte individual em débito, é condicionada ao recolhimento prévio das contribuições em atraso, ressalvada a alteração introduzida pelo Dec. 4.729/2003, no art. 26, § 4.º e no art. 216, I, a, do Dec. 3.048/99, que, a partir da competência Abril/2003, torna presumido o recolhimento das contribuições descontadas dos contribuintes individuais pela empresa contratante de seus serviços.

JR/CRPS – ENUNCIADO N. 28 – *DOU* 01.12.2006

Não se aplica o disposto no art. 76 do Regulamento da Previdência Social, aprovado pelo Decreto 3.048/99, para justificar a retroação do termo inicial do benefício auxílio doença requerido após o trigésimo dia do afastamento da atividade, nos casos em que a perícia médica do INSS fixar a data de início da incapacidade anterior à data de entrada do requerimento, tendo em vista que esta hipótese não implica em ciência pretérita da Previdência Social.

JR/CRPS – ENUNCIADO N. 29 – *DOU* 15.12.2006

Nos casos de levantamento por arbitramento, a existência do fundamento legal que ampara tal procedimento, seja no relatório Fundamentos Legais do Débito – FLD ou no Relatório Fiscal – Refisc garante o pleno exercício do contraditório e da ampla defesa, não gerando a nulidade do lançamento.

JR/CRPS – ENUNCIADO N. 30 – *DOU* 05.02.2007

Em se tratando de responsabilidade solidária o fisco previdenciário tem a prerrogativa de constituir os créditos no tomador de serviços mesmo que não haja apuração prévia no prestador de serviços.

JR/CRPS ENUNCIADO CRPS N. 31 – *DOU* 01.06.2007

Nos períodos de que trata o art. 15 da Lei 8.213/1991, é devido o salário maternidade à segurada desempregada que não tenha recebido indenização por demissão sem justa causa durante a estabilidade gestacional, vedando-se, em qualquer caso, o pagamento em duplicidade.

(Editado pela Res. CRPS 2, de 07 de maio de 2007 – *DOU* 01.06.2007)

17.4 ALTERAÇÕES ADVINDAS DAS EMENDAS CONSTITUCIONAIS 20/1998; 41/2003 E 47/2005, TANTO NO RGPS QUANTO NO RPPS E PRINCIPAIS PROPOSTAS DE REFORMA DA PREVIDÊNCIA

1.ª Reforma – EC 20/98:	2.ª Reforma – EC 41/03:	3.ª Reforma – EC 47/05:	4.ª Reforma:
– Menção expressa ao equilíbrio financeiro e atuarial e à compulsoriedade do RGPS; – Vedação de filiação ao RGPS, na qualidade de segurado facultativo, de pessoa participante do RPPS; – Alteração do art. 195 da CF/88 ampliando as bases de financiamento da Seguridade Social; – Possibilitou que a contribuição do empregador ou tomador de serviços tenha alíquotas ou bases de cálculo diferenciadas, em razão da atividade econômica ou da utilização intensiva de mão de obra; – Vedação da utilização dos recursos provenientes das contribuições sociais do trabalhador e do empregador sobre a folha de salários para despesas outras que não o pagamento de benefícios do regime geral de previdência social; – Exigência de baixa renda para a concessão do salário-família e do auxílio-reclusão;	– Trouxe regra de transição para aposentadoria voluntária no RPPS em seu art. 2º; – Inserção de um novo teto previdenciário no RGPS, à época de R$ 2.400,00; – Instituição da contribuição social dos inativos para o RPPS, na parcela que supere o teto do RGPS; – Alteração no cálculo das aposentadorias e pensões do RPPS; – Fim da paridade entre os servidores ativos e os inativos no RPPS; – Determinou que o regime complementar do RPPS deve ser feito por intermédio de entidades fechadas de previdência complementar, de natureza pública, que oferecerão aos respectivos participantes planos de benefícios somente na modalidade de contribuição definida; – Previu o sistema de inclusão previdenciária para trabalhadores de baixa renda, garantindo-lhes acesso a benefícios de valor igual a um salário-mínimo, exceto	– Vedou adoção de requisitos e critérios diferenciados para a concessão de aposentadorias do RGPS e RPPS, ressalvados, nos termos definidos em leis complementares, os casos de servidores portadores de deficiência, que exerçam atividades de risco ou cujas atividades sejam exercidas sob condições especiais que prejudiquem a saúde ou a integridade física; – Instituição da contribuição social dos inativos portadores de doença incapacitante para o RPPS, na parcela que supere o dobre do teto do RGPS; – Possibilitou que a contribuição do empregador sobre a folha de salários tenha alíquotas ou bases de cálculo diferenciadas em razão do porte da empresa ou da condição estrutural do mercado de trabalho; – Alterou a previsão do sistema de inclusão previdenciária prevendo que este deve a trabalhadores de baixa renda e àqueles	Projeto de Lei de Conversão 199 de 2011, referente à conversão da MP 529-A, de 2011 (segue para sanção presidencial): – No caso de opção pela exclusão da aposentadoria por tempo de contribuição, alíquota de 5% sobre o piso previdenciário para a contribuição do Microempreendedor Individual (MEI), enquanto segurado contribuinte individual – já vigente pela MP 529/11; – No caso de opção pela exclusão da aposentadoria por tempo de contribuição, alíquota de 5% sobre o piso previdenciário para a contribuição do segurado facultativo sem renda própria que se dedique exclusivamente ao trabalho doméstico, no âmbito de sua residência, desde que pertencente a família de baixa renda, considerando esta a família inscrita no Cadastro Único para Programas Sociais do Governo Federal (CadÚnico) cuja renda mensal seja de até 2 (dois) salários mínimos; – Altera a primeira e a terceira classe do rol de dependentes do art. 16 da Lei 8.213/91, considerando, além do filho e irmão inválidos, os que tenham deficiência intelectual ou mental que o torne absoluta ou relativamente incapaz, assim declarado judicialmente;

1.ª Reforma – EC 20/98:	2.ª Reforma – EC 41/03:	3.ª Reforma – EC 47/05:	4.ª Reforma:
– Substituição da aposentadoria por tempo de serviço pela aposentadoria por tempo de contribuição, com exigência de 30 anos de contribuição se mulher e 35 anos de homem, ressalvada regra de transição; – Ampliação do Regime Complementar da Previdência, com nova redação ao art. 202, da CF/88; – Inserção de um novo teto previdenciário no RGPS, à época de R$ 1.200,00; – Estabelecimento de idade mínima na aposentadoria por tempo de contribuição do RPPS, com 60 anos de idade e 35 de contribuição, se homem, e 55 de idade e 30 de contribuição, se mulher, ressalvada regra de transição; – Estabelecimento de um período mínimo de 10 anos de efetivo exercício no serviço público e 5 anos no cargo efetivo para aposentadoria voluntária no RPPS. – Inserção do agente público em cargo em comissão, cargo temporário ou emprego público no RGPS;	aposentadoria por tempo de contribuição.	sem renda própria que se dediquem exclusivamente ao trabalho doméstico no âmbito de sua residência, desde que pertencentes a famílias de baixa renda, garantindo-lhes acesso a benefícios de valor igual a um salário-mínimo, om alíquotas e carências inferiores às vigentes para os demais segurados do RGPS.	– Determina que o salário maternidade da trabalhadora avulsa e à empregada do MEI seja pago diretamente pela Previdência Social; – Dispõe que a cota da pensão por morte do deficiente intelectual ou mental que o torne absoluta ou relativamente incapaz, assim declarado judicialmente, será reduzida em 30% caso o mesmo exerça atividade remunerada, devendo ser integralmente restabelecida em face da extinção da relação de trabalho ou da atividade empreendedora; – promove alterações no benefício assistencial de amparo ao idoso e ao deficiente, quais sejam: *i)* altera o conceito de incapacidade, na mesma trilha das Lei 12.435/11; *ii)* dispõe que a remuneração da pessoa com deficiência na condição de aprendiz não será considerada para fins do cálculo da renda per capita; *iii)* determina que contratação de pessoa com deficiência como aprendiz não acarreta a suspensão do benefício de prestação continuada, limitado a 2 (dois) anos o recebimento concomitante da remuneração e do benefício.

1.ª Reforma – EC 20/98:	2.ª Reforma – EC 41/03:	3.ª Reforma – EC 47/05:	4.ª Reforma:
– Vedação de pagamento de aposentadorias e pensões do RPPS superior a remuneração do servidor, no cargo efetivo em que se deu a aposentadoria ou que serviu de referência para a concessão da pensão; – Possibilidade de implantação do regime complementar no RPPS, podendo, assim, fixar para o valor das aposentadorias e pensões a serem concedidas o limite máximo estabelecido para os benefícios do RGPS; – Criação do fator previdenciário, do mínimo divisor e alteração nos cálculos dos benefícios com a Lei 9.876/99.			Projeto de Lei 1992/2007: – Cria o regime complementar do RPPS, com a inserção do mesmo teto do RGPS ao RPPS, sendo que, para receber benefícios acima do teto, haverá contribuições facultativas para a Fundação de Previdência Complementar do Serviço Público Federal (Funpresp), entidade criada pelo mesmo projeto. *PEC 555:* – acaba com a contribuição previdenciária dos inativos *PEC 270*: – concede integralidade e paridade aos aposentados por invalidez *Outras propostas em debate*: – extinção do fator previdenciário com a inserção de idade mínima da aposentadoria por tempo de contribuição, de 65 anos de idade, se homem, 60 anos de idade, se mulher; – Aumento de 7 anos no tempo de contribuição, ficando 42 anos para homens e 37 para mulheres; – Extinção da distinção no tempo de idade e contribuição para homens e mulheres; – Adoção da fórmula 85/95, ou mesmo 95/105; – Alteração nos critérios da pensão por morte.

* Conteúdo da tabela extraído do endereço eletrônico [http://www.ibdp.org.br/noticias2.asp?id=522. Em].

17.5 COMPARAÇÃO ENTRE REGIMES PREVIDENCIÁRIOS (BENEFÍCIOS)

APOSENTADORIA POR TEMPO DE CONTRIBUIÇÃO

RGPS	RPPS	Comentários
Requisitos: homem deve comprovar pelo menos 35 anos de contribuição e a mulher, 30 anos. Cálculo: 100% do salário de benefício. Salário de Benefício: média aritmética simples dos 80% maiores salários de contribuição de todo o período contributivo multiplicada pelo Fator Previdenciário. O valor não poderá exceder o teto de contribuição.	Requisitos: 10 anos de efetivo exercício no serviço público, 5 anos no cargo efetivo em que se der a aposentadoria, 60 anos de idade e 35 anos de contribuição se homem e 55 anos de idade e 30 anos de contribuição se mulher. Cálculo: Média aritmética simples das maiores remunerações utilizadas como base para as contribuições, correspondente a 80% de todo o período contributivo. O valor das remunerações utilizadas não poderá exceder o limite máximo de remuneração do servidor público no respectivo ente. Os proventos não poderão exceder a remuneração do respectivo servidor no cargo efetivo em que se deu a aposentadoria.	Dois aspectos devem ser observados: – o participante do RGPS para se aposentar sem redução do salário-de-benefício em razão do fator previdenciário somente poderá fazê-lo a partir dos 63 anos de idade. Para se aposentar, sem a redução, com 60 anos de idade deverá ter contribuído pelo menos durante 39 anos. Observe-se. porém, que na medida que o segurado postergue sua aposentadoria poderá elevar o seu valor; – o participante do RPP, diferentemente do participante do RGPS com salário inferior ao teto do RGPS, não poderá ter proventos superiores aos seu rendimento da atividade. Isto é possível no RGPS pelo mecanismo de correção dos salários-de-contribuição que servirão de base para o cálculo do salário-de-benefício.

* Conteúdo da tabela extraído do endereço eletrônico [http://fundacaoanfip.org.br/site/2006/07/comparacao-entre-o-regime-geral-de-previdencia-social-e-o-regime--proprio-de-previdencia-social-da-uniao/].

APOSENTADORIA POR IDADE

RGPS	RPPS	Comentários
Requisitos: 65 anos para o homem e 60 para a mulher, comprovar o recolhimento de 180 contribuições mensais. Cálculo: 70% do salário de benefício, mais 1% para cada grupo de 12 contribuições até o limite de 30%. Salário de Benefício: média aritmética simples dos 80% maiores salários de contribuição de todo o período contributivo. Facultada a utilização do Fator Previdenciário. O valor não poderá exceder o teto de contribuição.	Requisitos: 10 anos de efetivo exercício no serviço público, 5 anos no cargo efetivo em que se der a aposentadoria, 60 anos de idade e 35 anos de contribuição se homem e 55 anos de idade e 30 anos de contribuição se mulher. Cálculo: Média aritmética simples das maiores remunerações utilizadas como base para as contribuições, correspondente a 80% de todo o período contributivo. O valor das remunerações utilizadas não poderá exceder o limite máximo de remuneração do servidor público no respectivo ente. Os proventos não poderão exceder a remuneração do respectivo servidor no cargo efetivo em que se deu a aposentadoria.	Dois aspectos devem ser observados: – o participante do RGPS para se aposentar sem redução do salário de benefício em razão do fator previdenciário somente poderá fazê-lo a partir dos 63 anos de idade. Para se aposentar, sem a redução, com 60 anos de idade deverá ter contribuído pelo menos durante 39 anos. Observe-se. porém, que na medida que o segurado postergue sua aposentadoria poderá elevar o seu valor. – o participante do RPP, diferentemente do participante do RGPS com salário inferior ao teto do RGPS, não poderá ter proventos superiores aos seu rendimento da atividade. Isto é possível no RGPS pelo mecanismo de correção dos salários-de-contribuição que servirão de base para o cálculo do salário-de-benefício.

* Conteúdo da tabela extraído do endereço eletrônico [http://fundacaoanfip.org.br/site/2006/07/comparacao-entre-o-regime-geral-de-previdencia-social-e-o-regime-proprio-de-previdencia-social-da-uniao/].

APOSENTADORIA COMPULSÓRIA

RGPS	RPPS	Comentários
Requisitos: Não é obrigatória. Pode ser requerida pela empresa para o trabalhador com 70 anos e a mulher com 65 anos. O trabalhador terá direito a indenização prevista na legislação trabalhista. Cálculo: 70% do salário-de-benefício, mais 1% para cada grupo de 12 contribuições até o limite de 30%. Salário de Benefício: média aritmética simples dos 80% maiores salários de contribuição de todo o período contributivo. Facultada a utilização do Fator Previdenciário. O valor não poderá exceder o teto de contribuição.	Requisitos: Obrigatória aos 70 anos de idade. Cálculo: Média aritmética simples das maiores remunerações utilizadas como base para as contribuições, correspondente a 80% de todo o período contributivo. O valor das remunerações utilizadas não poderá exceder o limite máximo de remuneração do servidor público no respectivo ente. Do valor obtido serão calculados os proventos obedecendo proporcionalidade em razão do tempo de serviço. Os proventos não poderão exceder a remuneração do respectivo servidor no cargo efetivo em que se deu a aposentadoria. Os proventos, em razão da proporcionalidade, não poderão ser inferiores a 1/3 da remuneração da atividade.	Observe-se que neste caso os participantes do RPP além de serem obrigados a se aposentar, poderão ter seus proventos calculados em até 33,33% da sua remuneração da atividade. Enquanto que para o participante do RGPS a aposentadoria não é obrigatória e a redução em seu benefício pode atingir no máximo a 70% do salário-de-benefício, que pode até ser maior que o rendimento da atividade.

* Conteúdo da tabela extraído do endereço eletrônico [http://fundacaoanfip.org.br/site/2006/07/comparacao-entre-o-regime-geral-de-previdencia-social-e-o-regime-proprio-de-previdencia-social-da-uniao/].

APOSENTADORIA POR INVALIDEZ

RGPS	RPPS	Comentários
Requisitos: Benefício concedido aos trabalhadores que, por doença ou acidente, forem considerados pela perícia médica da Previdência Social incapacitados para exercer suas atividades ou outro tipo de serviço que lhes garanta o sustento. O trabalhador tem que contribuir para a Previdência Social por no mínimo 12 meses, no caso de doença. Se for acidente, esse prazo de carência não é exigido. Cálculo: A aposentadoria por invalidez corresponde a 100% do salário de benefício. Caso o trabalhador estivesse em auxílio-doença corresponderá a 100% do salário-de-benefício que deu origem ao auxílio-doença, reajustado pelos mesmos índices aplicados aos benefícios em geral. Se o trabalhador necessitar de assistência permanente de outra pessoa, atestada pela perícia médica, o valor da aposentadoria será aumentado em 25% a partir da data do seu pedido. Salário de Benefício: média aritmética simples dos 80% maiores salários de contribuição de todo o período contributivo. O valor não poderá exceder o teto de contribuição.	Requisitos: Em caso de incapacidade para o serviço e impossibilidade de readaptação. Será precedida de licença para tratamento de saúde, por período não superior a 24 meses. Cálculo: Média aritmética simples das maiores remunerações utilizadas como base para as contribuições, correspondente a 80% de todo o período contributivo. O valor das remunerações utilizadas não poderá exceder o limite máximo de remuneração do servidor público no respectivo ente. Do valor obtido serão calculados os proventos obedecendo proporcionalidade em razão do tempo de serviço. Os proventos não poderão exceder a remuneração do respectivo servidor no cargo efetivo em que se deu a aposentadoria. Os proventos, em razão da proporcionalidade, não poderão ser inferiores a 1/3 da remuneração da atividade. Não há regra estabelecida para os casos de acidente de serviço, moléstia profissional ou doença grave, contagiosa ou incurável.	Observe-se que neste caso os participantes do RPP poderão ter seus proventos calculados em até 33,33% do sua remuneração da atividade, enquanto que para o participante do RGPS não há redução no seu benefício que corresponde a 100% do salário-de-benefício, o que pode gerar benefício de valor maior que o rendimento da atividade. Além disso, no caso de necessidade de assistência permanente o benefício pode ser aumentado em 25%, o que também não é previsto para o RPP. Por fim, não há novas regras definidas para o cálculo do benefício do RPP no caso de acidente de serviço moléstia profissional ou doença grave, contagiosa ou incurável, neste caso o valor do benefício deverá ser igual a 100% da média apurada.

* Conteúdo da tabela extraído do endereço eletrônico [http://fundacaoanfip.org.br/site/2006/07/comparacao-entre-o-regime-geral-de-previdencia-social-e-o-regime--proprio-de-previdencia-social-da-uniao/].

APOSENTADORIA ESPECIAL

RGPS	RPPS	Comentários
Requisitos: Benefício concedido ao segurado que tenha trabalhado em condições prejudiciais à saúde ou à integridade física. Para ter direito à aposentadoria especial, o trabalhador deverá comprovar, além do tempo de trabalho, efetiva exposição aos agentes físicos, biológicos ou associação de agentes prejudiciais pelo período exigido para a concessão do benefício (15, 20 ou 25 anos). Para ter direito ao benefício deverá comprovar no mínimo 180 contribuições mensais. Cálculo: 100% do salário de benefício. Salário de Benefício: média aritmética simples dos 80% maiores salários de contribuição de todo o período contributivo. O valor não poderá exceder o teto de contribuição.	Não existe lei que regulamente a previsão constitucional.	A inexistência de regulamentação legal impede qualquer comparação. Entretanto, enquanto não disciplinada a matéria os participantes do RPP ficam prejudicadas por não terem como fazer valer seu direito à aposentadoria especial.

* Conteúdo da tabela extraído do endereço eletrônico [http://fundacaoanfip.org.br/site/2006/07/comparacao-entre-o-regime-geral-de-previdencia-social-e-o-regime--proprio-de-previdencia-social-da-uniao/].

PENSÃO POR MORTE

RGPS	RPPS	Comentários
Requisitos: não há tempo mínimo de contribuição, mas é necessário que o óbito tenha ocorrido enquanto o trabalhador tinha qualidade de segurado. Cálculo: 100% do valor da aposentadoria que o segurado recebia no dia da morte ou que teria direito se estivesse aposentado por invalidez.	Cálculo: a totalidade da remuneração ou dos proventos até o limite do teto do RGPS acrescido de 70% da parcela excedente a este limite.	Quando o segurado estava em atividade e recebia menos do teto do RGPS, repete-se a situação que ocorre quando da concessão de aposentadoria. Nesse caso a pensão vinculada ao RGPS pode ser maior que os vencimentos do segurado, no RPP da União isto não é possível visto o benefício estar limitado ao valor da remuneração. No caso do participante do RPP da União que receba mais do que o teto do RGPS, o qual contribui sobre todo o valor da remuneração assim como os demais segurados, o valor da pensão sobre os rendimentos que excedam aquele limite será reduzido em 30%, o que representa tratamento diferenciado sem nenhuma justificativa, visto que a contribuição dele é proporcionalmente igual a dos demais.

* Conteúdo da tabela extraído do endereço eletrônico [http://fundacaoanfip.org.br/site/2006/07/comparacao-entre-o-regime-geral-de-previdencia-social-e-o-regime-proprio-de-previdencia-social-da-uniao/].

AUXÍLIO-DOENÇA/LICENÇA

RGPS	RPPS	Comentários
Requisitos: Concedido ao segurado impedido de trabalhar por doença ou acidente por mais de 15 dias consecutivos. Para ter direito ao benefício, o trabalhador tem de contribuir para a Previdência Social por, no mínimo, 12 meses. Esse prazo não será exigido em caso de acidente de qualquer natureza (por acidente de trabalho ou fora do trabalho). Para concessão de auxílio-doença é necessária a comprovação da incapacidade em exame realizado pela perícia médica da Previdência Social. Terá direito ao benefício sem a necessidade de cumprir o prazo mínimo de contribuição, desde que tenha qualidade de segurado, o trabalhador acometido de determinadas doenças. Cálculo: Corresponde a 91% do salário de benefício. Salário de Benefício: média aritmética simples dos 80% maiores salários de contribuição de todo o período contributivo. O valor não poderá exceder o teto de contribuição.	Requisitos: Será concedida com base em perícia médica. Cálculo: Corresponde a 100% da remuneração do servidor em atividade.	Neste caso os servidores públicos são privilegiados em relação aos segurados do RGPS, uma vez que têm direito à remuneração integral durante o período da licença, enquanto que o segurado do RGPS tem direito apenas a 91% do salário-de-benefício. Observe-se que o salário-de-benefício pode ser maior que a remuneração do trabalhador, o que diminui a diferença entre os dois casos.

* Conteúdo da tabela extraído do endereço eletrônico [http://fundacaoanfip.org.br/site/2006/07/comparacao-entre-o-regime-geral-de-previdencia-social-e-o-regime--proprio-de-previdencia-social-da-uniao/].

AUXÍLIO-ACIDENTE

RGPS	RPPS	Comentários
Requisitos: Benefício pago ao trabalhador que sofre um acidente e fica com seqüelas que reduzem sua capacidade de trabalho. Para concessão do auxílio-acidente não é exigido tempo mínimo de contribuição, mas o trabalhador deve ter qualidade de segurado e comprovar a impossibilidade de continuar desempenhando suas atividades, por meio de exame da perícia médica da Previdência Social. Cálculo: Corresponde a 50% do salário de benefício que deu origem ao auxílio-doença corrigido até o mês anterior ao do início do auxílio acidente.	Não Existe.	Pode se argumentar que este benefício seria devido no RGPS na medida que o segurado não teria condições de manter o mesmo nível de rendimentos. Entretanto, verifica-se que a concessão deste benefício está relacionada a perda da capacidade laborativa sem a necessidade que haja nexo com a perda de rendimentos.

* Conteúdo da tabela extraído do endereço eletrônico [http://fundacaoanfip.org.br/site/2006/07/comparacao-entre-o-regime-geral-de-previdencia-social-e-o-regime--proprio-de-previdencia-social-da-uniao/].

Diagramação eletrônica:
Editora Revista dos Tribunais Ltda., CNPJ 60.501.293/0001-12.
Impressão e encadernação:
Edelbra Indústria Gráfica e Editora Ltda., CNPJ 87.639.761/0001-76.

A.S. L7992-01